今川嘉文

事業承継法の理論と実際

✿❀✿
理論と実際シリーズ
2
企業法

信山社

はしがき

　中小企業では現オーナー経営者の高齢化が進み、円滑な事業承継は、技術の承継および雇用の確保、経済の活性化に資するものである。全部事業譲渡またはM＆Aにより、事業の存続承継は可能であるが、大部分の中小企業の現オーナー経営者は、自身の子供等に事業を承継させていくことを考えている。

　これら経営者だけでなく、金融機関および多数の士業は、「中小企業の事業承継」ビジネスに本格的に取り組もうとしている。しかし、事業承継対策・問題は、中小企業を取り巻く出資者、債権者、従業員、取引企業を含む社会的問題でありながら、現オーナー経営者の個人的な問題として、中小企業の事業承継を図る観点から、法的な理論研究が必ずしも十分になされてこなかった。

　近年、「中小企業の事業承継」に係る政策・立法の動きが加速している。具体的には、① 経済産業省「中小企業における経営の承継の円滑化に関する法律（以下、「経営承継円滑化法」という。）」（平成20年5月成立）、② 財務省大綱「非上場株式等に係る相続税の納税猶予・免除制度（以下、「新事業承継税制」という。）」（平成20年1月11日政府閣議決定）、③ 中小企業庁「非上場株式の価格算定の指針案の検討」、である。

　これらは、① 遺留分に関する民法の特例・金融支援、② 相続税の納税猶予・免除、③ 非上場株式の評価方法の具体化、からなる。経営承継円滑化法は、平成20年1月に法案が公表されてから早期に成立した。税制については、相続税の猶予か免除かを含む活発な議論がなされている。

　中小企業庁は、「非上場株式の価格算定の指針」を検討している。非上場株式の評価のあり方は、業種・売り上げ規模、資産内容などの企業の特性に応じて、どのような時にどの価格算定方法を選ぶべきかを明確にしようとするものである。将来的には国税庁の財産評価基本通達への反映も目指す。

　「中小企業の事業承継」スキルとして、① 経営承継円滑化法および新事業

はしがき

承継税制の活用、② 会社法の種類株式（議決権制限株式等）の活用、③ 従業員持株会の対策およびその利用、④ 相続人等に対する売渡請求権の行使、⑤ 株式の評価方法（収益還元方式・配当還元方式・類似業種・企業比較方式・純資産価額方式。これらの複数方式の比重平均）、⑥ 株式の評価策、⑦ Ｍ＆Ａの活用、⑧ 現オーナー経営者の貸付金対策、⑨ 名義株式の株主に対する対策、⑩ 事業の信託、など様々である。円滑な事業承継のためには、自社株対策の準備から完了まで、通常３年から４年を要し、事案によっては５年以上かかる。そこで、具体的準備として、以下のことを要する。

① 事業承継に関する当該会社のデータ収集、② 各データに基づく事業承継の方向付けおよび準備書類の作成、③ 株主の同意を得るための施策およびその期間、④ 取締役会または株主総会の決議・承認、⑤ 事業承継の実行期間において、会社分割または合併等では債権者および金融機関との打合せ、⑥ 税務行政の配慮期間、⑦ 納税資金の確保および債務返済の手当て、などである。

事業承継対策は、単に現オーナー経営者一族の生活安定のためだけにあるのではない。後継者が承継する事業会社が順調に進展していくことは、従業員およびその家族、取引先を含む商品・製品、技術を頼りにしている者を含めれば膨大な人々の生活を担っている。

事業承継に係る様々なスキルは、決して万能ではない。常にメリットおよびデメリットを具体的に考察し、各会社により適した施策を提案する必要がある。そこで、本書は以下の具体的内容について、考察する。

第１に、「事業承継の問題点」を詳細に指摘する。具体的には、① 事業承継に内在する問題、② 自社株式に係る問題、③ 事業承継の方法に係る問題点、である。

第２に、「経営承継円滑化法および新事業承継税制」を詳細に検討する。具体的には、① 経営承継円滑化法および新事業承継税制の創設、② 経営承継円滑化法および新事業承継税制の概要、③ 事業承継に係る遺留分に関する民法の特例、④ 生前贈与株式を遺留分の対象から除外できる制度、⑤ 生前贈与株式の評価額を予め固定できる制度、⑥ 追加合意と衡平を図る措置、⑦ 事業承継の円滑化のための金融支援、⑧ 非上場株式等に係る相続税の納

はしがき

税猶予制度、である。

　第3に、「事業承継と種類株式・新株予約権の活用」を詳細に検討する。具体的には、① 問題点の所在、② 各種類株式の比較検討、③ 新株予約権の活用、④ 議決権制限株式の内容と譲渡制限株式との併用、⑤ 議決権制限株式の発行戦略、⑥ 従業員持株会の対策と利用、⑦ 今後の課題、である。

　第4に、「相続人等に対する売渡請求」を詳細に検討する。具体的には、① 売渡請求権の行使、② 売渡請求権の問題点、である。

　第5に、「株式の評価方法」を詳細に検討する。具体的には、① 問題の所在、② 株式の評価が問題となる状況、③ 株式の評価に係る問題点、④ 株式の評価の算定方式、⑤ 判例の分析、⑥ 清算所得に対する法人税等の控除の可否、⑦ 加重平均による併用方式、⑧ 種類株式の評価方法、である。

　第6に、「事業承継と株式評価の負担軽減策」を詳細に検討する。具体的には、①「利益圧縮」による株式評価対策、② 株式移転・株式交換による株式評価対策、③ 株式上場による税負担増、である。

　第7に、「事業承継とM＆A」を詳細に検討する。具体的には、① M＆Aの活用、② M＆Aと従業員等への承継比較、③ 合併対価の多様化、である。

　第8に、「事業承継に係る諸問題の対策」を詳細に検討する。具体的には、① 会社に対する現オーナー経営者の貸付金対策、② 名義株式の株主に対する対策、である。

　第9に、「事業承継と『事業の信託』」を詳細に検討する。具体的には、① 新信託法と「事業の信託」、②「事業の信託」の具体的内容、③ 事業承継と他の信託、④「事業の信託」のメリット、⑤ 信託会社の要件、⑥「事業の信託」に係る課題、である。

　第10に、「事業承継の計画」を詳細に検討する。具体的には、① 事業承継の具体案、② 事業承継と社会的責任、である。

　筆者は、日本司法書士会連合会および近畿司法書士会連合会の学術交流企業法務研究会で、「中小企業が抱える課題の理論的考察と具体的対応」を主テーマとして、司法書士が実務において問題となる企業法務の理論的研究および実務対応の検討を行い、「事業承継」問題を多数回にわたり考察してきた。また、東京司法書士協同組合の週刊メディアで事業承継をテーマに連載

はしがき

（ウィークリーTSKネットマガジン411号から463号）を行ってきた。そして、神戸専門家フォーラムおよび全国司法書士女性会で研究報告を行い、実務に携わる様々な先生方から貴重なご意見を頂いた。

さらに、神戸大学商事法研究会の先生方からは多角的な視野から有益なご指摘を頂いた。

本書の刊行においては、信山社の袖山貴氏、今井守氏には、企画から校正の段階に至るまで、多大のご尽力を賜った。心から御礼を申し上げる。

本書が、事業承継対策の理論および実務の一助となれば幸いである。

2009年1月

今川　嘉文

〔附記〕なお、日本司法書士会連合会および近畿司法書士会連合会から、「企業法務における包括的研究──司法書士が実務において問題となる企業法務の理論的研究および実務対応の提案」をテーマとして研究助成金を受けた。本書は、その研究成果の一部である。

目　次

はしがき

第1部　事業承継の問題点

I　事業承継の具体的問題 …… 3
1　経営権集中の問題点(3)
（1）株式の分散(3)／（2）株式の再集中(3)／（3）民法上の制約(4)／（4）分散防止策の不十分さ(4)

2　議決権の分散防止(4)
（1）会社法上の対策(4)／（2）制度活用のリスク(5)

II　自社株式に係る問題 …… 6
1　概　説(6)
2　自社株式に係る具体的問題(6)
（1）相続税の負担額の問題(6)／（2）後継者の財産が自社株式のみになる問題(7)

3　生前贈与による自社株式対策(7)

III　事業承継の方法 …… 8
1　承継方法の分類(8)
（1）現オーナー経営者の親族内での承継(8)／（2）従業員等への事業承継(9)／（3）M＆Aによる売却(9)／（4）事業の信託(10)

2　親族内承継と従業員承継の課題(10)

第2部　経営承継円滑化法および新事業承継税制

I　経営承継円滑化法および新事業承継税制の創設 …… 17
1　法律制定の目的(17)
2　平成20年の成立(17)

II　経営承継円滑化法および新事業承継税制の概要 …… 18
1　遺留分に関する民法の特例(18)
（1）生前贈与株式等の財産を遺留分算定基礎財産から除外(18)／（2）生前贈与株式の評価額を予め固定すること(18)

目　次

　　2　金融支援等(19)
　　　(1)中小企業信用保険法の特例、株式会社日本政策金融公庫法および沖縄振興開発金融公庫法の特例(19)／(2)指導および助言(19)
　　3　非上場株式等に係る相続税の納税猶予制度(20)
　　4　施行時期(20)
Ⅲ　事業承継に係る遺留分に関する民法の特例 ……………………21
　　1　概　説(21)
　　　(1)「遺留分の民法特例」措置の内容(21)／(2)特例措置の適用要件(21)
　　2　定義規定(21)
　　　(1)対象会社(21)／(2)旧代表者(22)／(3)推定相続人(23)／(4)後継者(23)／(5)特例合意の対象株式(24)
　　3　特例合意の内容と定め(24)
　　　(1)特例合意の内容(24)／(2)後継者以外の推定相続人がとることができる措置の定め(24)／(3)各特例合意の関係(25)／(4)全員の同意と書面による定め(25)／(5)特例合意の必要条件(26)／(6)特例合意の適否に係る諸問題(26)
　　4　経済産業大臣の確認(27)
　　　(1)確認申請の要件(27)／(2)後継者以外の推定相続人がとる措置の定め(27)／(3)申請書の提出(27)／(4)後継者の死亡(28)／(5)確認取消しとその効果(28)
　　5　家庭裁判所の許可(28)
　　　(1)特例合意の効力要件(28)／(2)後継者単独の申立て(29)／(3)当事者全員の合意(29)／(4)確認者の死亡(29)／(5)家事審判法の適用(29)
　　6　特例合意の効力(29)
　　　(1)効力発生の要件(29)／(2)適用の除外(30)／(3)合意の効力の消滅(法10条2項)(30)
　　7　特例合意の効力発生までの過程(30)
　　　(1)特例合意(30)／(2)経済産業大臣に申請(31)／(3)経済産業大臣の確認(31)／(4)家庭裁判所に対する申立て(31)／(5)家庭裁判所の許可(31)／(6)特例合意の効力発生(31)
Ⅳ　生前贈与株式を遺留分の対象から除外できる制度 …………32
　　1　除外合意(32)

（1）規　定（32）／（2）効力発生の手続（32）

　2　メリット（32）

　3　具体例（33）

Ⅴ　生前贈与株式の評価額を予め固定できる制度……………………34

　1　固定合意（34）

　　　（1）規　定（34）／（2）効力発生の手続（34）

　2　従来制度の課題（35）

　　　（1）株式価値の変動（35）／（2）具体的事例（35）

　3　メリット（36）

　　　（1）内　容（36）／（2）具体例（36）

　4　評価額の証明（36）

　　　（1）生前贈与株式の評価額の専門家証明（36）／（2）価額証明の不適格者（37）

　5　評価額の決定に係る問題点（37）

Ⅵ　追加合意と衡平を図る措置………………………………………38

　1　後継者の追加合意（38）

　　　（1）概　要（38）／（2）株式等以外の財産に関する遺留分算定の除外（38）

　2　推定相続人間の衡平を図る措置（38）

　3　後継者以外の追加合意（39）

Ⅶ　事業承継の円滑化のための金融支援………………………………40

　1　問題点の所在（40）

　　　（1）規定理由（40）／（2）多額の資金需要（40）／（3）信用力の低下（40）／（4）金融支援策（41）

　2　金融支援の制度概要（41）

　　　（1）金融支援を受ける原因（41）／（2）制度概要（41）

　3　経済産業大臣の認定（41）

　　　（1）会社である中小企業者（42）／（2）個人である中小企業者（42）／（3）問題点（42）

　4　中小企業信用保険法の特例措置（43）

　　　（1）概　要（43）／（2）認定中小企業者に対する特例措置（43）／（3）資金調達の支援信用保険の別枠化（43）／（4）信用保険の別枠化（43）／（5）信用保険の具体的内容（44）

目　次

　　5　日本政策金融公庫法・沖縄振興開発金融公庫法の特例 (45)
　　　（1）概　要 (45)／（2）後継者個人に対する融資と金利 (46)／
　　　（3）融資の対象案件 (46)／（4）問題点 (46)

　　6　経済産業大臣の指導および助言 (47)
　　　（1）金融支援の一環 (47)／（2）目　的 (47)／（3）指導・助言
　　　に従う義務 (47)

Ⅷ　非上場株式等に係る相続税の納税猶予制度 ……………… 48

　　1　概　説 (48)
　　　（1）新事業承継税制の目的 (48)／（2）80％に対応する相続税の納
　　　税猶予 (48)／（3）実質的な納税猶予割合 (49)

　　2　「非上場株式等に係る相続税の納税猶予」制度 (49)
　　　（1）適用要件の概要 (49)／（2）不適格と猶予税額の納付 (50)

　　3　従来の税制度との比較 (50)
　　　（1）納税猶予額 (50)／（2）対象会社 (51)／（3）軽減（猶予）
　　　対象株式と上限 (51)／（4）「株式総額」制限の撤廃 (51)

　　4　新事業承継税制の適用要件 (52)
　　　（1）相続人（後継者）要件 (52)／（2）被相続人要件 (53)／（3）
　　　対象会社要件 (55)／（4）継続要件 (56)／（5）対象株式要件
　　　(58)／（6）経済産業大臣のチェック (59)／（7）相続時精算課税
　　　制度との関係 (59)

　　5　猶予税額の免除 (61)
　　　（1）対象株式を死亡時まで保有 (61)／（2）株式等の無価値化 (61)

　　6　5年経過後の納税猶予対象の株式譲渡 (61)
　　　（1）原　則 (61)／（2）例　外 (62)

　　7　経営承継円滑化法および他の特例との関係 (62)
　　　（1）適用の場面 (62)／（2）死因贈与の場合 (63)／（3）適用対
　　　象者の相違 (63)

　　8　納税猶予税額の具体的算定 (64)
　　　（1）原　則 (64)／（2）相続財産の自社株式が発行済議決権株式総
　　　数の3分の2以下 (64)／（3）相続財産の自社株式が発行済議決権株
　　　式総数のすべて (65)

　　9　租税回避行為防止策 (66)
　　　（1）概　説 (66)／（2）持株会社 (67)／（3）不動産管理会社
　　　(67)

10　納税猶予の取消し（67）

　　　　（1）取消しの要件（67）／（2）利子税（68）／（3）納税資金の確保（68）／（4）後継者候補に対する対象株式の贈与（68）／（5）他者に対する対象株式の譲渡（69）／（6）対象会社の合併（70）

第3部　種類株式および新株予約権の活用

Ⅰ　問題点の所在……………………………………………………73
Ⅱ　種類株式の比較検討……………………………………………74

　　1　議決権制限株式（74）

　　　　（1）概　要（74）／（2）完全無議決権株式の例外（74）／（3）議決権制限の多様性（75）／（4）利用例（75）／（5）発行方法（75）／（6）普通株式を議決権制限株式に転換（77）／（7）定款の記載例（78）／（8）定款記載の問題点（79）／（9）相続税対策（79）

　　2　譲渡制限株式（80）

　　　　（1）概　要（80）／（2）譲渡承認（80）／（3）活用例（80）／（4）発行方法（81）

　　3　配当優先株式（81）

　　　　（1）概　要（81）／（2）配当の分類（81）／（3）利用例（82）／（4）発行の方法（82）

　　4　拒否権付種類株式（83）

　　　　（1）概　要（83）／（2）定款の定め（83）／（3）利用例（84）／（4）発行方法（85）／（5）問題点（85）

　　5　属人的種類株式（86）

　　　　（1）概　要（86）／（2）利用例（86）／（3）発行方法（86）／（4）問題点（87）

　　6　取得条項付株式（88）

　　　　（1）概　要（88）／（2）利用例（88）／（3）発行方法（89）／（4）発行の局面（90）／（5）取得条項付株式の取得方法（90）

　　7　取得請求権付株式（90）

　　　　（1）概　要（90）／（2）利用例（91）／（3）発行方法（91）

　　8　全部取得条項付株式（92）

　　　　（1）概　説（92）／（2）利用例（92）／（3）発行方法（93）／（4）既存株式を全部取得条項付株式に変更（93）／（5）全部取得条項付株式の取得方法（93）

目　次

　　9　役員選任権付株式 (94)
　　　（1）概　説 (94) ／（2）利用例 (94) ／（3）発行方法 (95)
　Ⅲ　議決権制限株式の内容と譲渡制限株式との併用…………………96
　　1　議決権制限株式の内容 (96)
　　2　譲渡制限株式かつ配当優先株式との併用 (96)
　Ⅳ　議決権制限株式の発行戦略……………………………………………98
　　1　議決権制限株式の新規発行 (98)
　　　（1）方法とメリット (98) ／（2）問題点 (98)
　　2　保有株式を議決権制限株式に変更 (98)
　　　（1）方法とメリット (98) ／（2）問題点 (98)
　　3　株式の無償割当て (99)
　　　（1）方法とメリット (99) ／（2）問題点 (99)
　　4　全部取得条項付種類株式の発行・議決権制限株式の交付 (99)
　　　（1）方法とメリット (99) ／（2）問題点 (99)
　Ⅴ　従業員持株会の対策と利用…………………………………………100
　　1　節税対策としての従業員持株会 (100)
　　　（1）意　義 (100) ／（2）具体的方法 (100)
　　2　新株の割当て (100)
　　　（1）誰に割り当てるのか (100) ／（2）議決権の復活株式 (101) ／
　　　（3）従業員持株会への放出量 (102)
　Ⅵ　新株予約権と事業承継………………………………………………103
　　1　概　説 (103)
　　　（1）新株予約権とは (103) ／（2）議決権の復活株式 (104)
　　2　新株予約権を利用した事業承継の事例 (104)
　　　（1）新株予約権の無償付与 (104) ／（2）給与報酬として新株予約権
　　　を付与 (105) ／（3）取得条項付新株予約権を付与 (105) ／（4）取
　　　得請求権付新株予約権の付与 (106)
　Ⅶ　今後の課題……………………………………………………………107

　　　　　第4部　相続人等に対する売渡請求

　Ⅰ　売渡請求権の行使……………………………………………………111
　　1　概　説 (111)

2　利用例（*111*）
　　3　手　続（*111*）
Ⅱ　売渡請求権の問題点……………………………………………………*113*
　　1　財源規制（*113*）
　　2　請求期限（*113*）
　　3　後継者に対する売渡請求（*113*）

第5部　株式の評価

Ⅰ　問題の所在……………………………………………………………*117*
Ⅱ　株式の評価が問題となる状況………………………………………*118*
　　1　客観的評価（*118*）
　　2　評価の局面（*118*）
　　3　株式買取請求に係る株価の価格（*119*）
　　4　譲渡制限株式の売買価格（*119*）
　　5　取引相場のある株式の価格（*120*）
　　6　取引相場のない価格（*120*）
　　7　持分会社の払戻持分（*121*）
Ⅲ　株式の評価に係る問題点……………………………………………*123*
　　1　問題点（*123*）
　　2　考慮される要素（*123*）
Ⅳ　株式の評価の算定方式………………………………………………*125*
　　1　類似業種比準方式（*125*）
　　　（1）概　念（*125*）／（2）算定方式（*125*）／（3）問題点（*126*）
　　2　純資産価額方式（*126*）
　　　（1）概　念（*126*）／（2）算定方式（*127*）／（3）問題点（*128*）
　　3　収益還元方式（*129*）
　　　（1）概　念（*129*）／（2）算定方式（*130*）／（3）問題点（*130*）
　　4　配当還元方式（*130*）
　　　（1）概　念（*130*）／（2）算定方式（*131*）／（3）問題点（*131*）
　　5　税法上の株式評価（*132*）
　　　（1）取引相場のない株式の評価（*132*）／（2）各評価方式の検討（*132*）

目　次

　　6　筆頭株主グループの議決権割合基準(133)

　　　（1）議決権割合が50％超かつ同族株主のいる会社(133)／（2）議決権割合が30％以上50％以下かつ同族株主のいる会社(133)／（3）議決権割合が30％未満かつ同族株主のいない会社(134)

Ⅴ　判　　例··136

　1　東京地判平成7年4月27日（判時1514号130頁）(138)

　　　（1）事実の概要(138)／（2）判　旨(139)／（3）検　討(142)

　2　大阪高決平成元年3月28日（判時1324号140頁）(146)

　　　（1）事実の概要(146)／（2）決　旨(146)／（3）検　討(147)

Ⅵ　精算所得に対する法人税等の控除···149

　1　判　　例(149)

　2　学　　説(150)

Ⅶ　加重平均による併用方式··152

　1　判　　例(152)

　2　併用方式の意義(152)

Ⅷ　種類株式の評価方法··153

　1　問題点の所在(153)

　2　種類株式の評価の基本的考え方(153)

　　　（1）企業会計基準委員会の実務対応報告(153)／（2）国税庁の見解(154)／（3）無議決権株式の評価(155)／（4）配当優先の無議決権株式の評価(156)／（5）社債類似株式の評価(156)／（6）拒否権付種類株式の評価(156)

　3　種類株式の相続税法上の評価(157)

　　　（1）評価方法(157)／（2）議決権制限のディスカウント(157)

　4　配当還元方式による完全無議決権株式の評価(158)

　5　今後の課題(158)

第6部　事業承継と組織再編

Ⅰ　利益圧縮による株式評価対策··163

　1　問題点の所在(163)

　2　利益の圧縮方法(163)

　3　高収益部門の独立(164)

　　　（1）意　義(164)／（2）事業譲渡の方法(164)

4　会社分割の活用 (165)
Ⅱ　株式移転・株式交換による株式評価対策……………………166
　　　1　株式交換の方法 (166)
　　　2　株式移転の方法 (166)
　　　3　株式移転の事例による対策と株価 (167)
　　　4　株式移転を活用した企業再編 (167)
　　　　（1）目　的 (167)／（2）具体的方法 (167)
Ⅲ　株式上場による税負担増……………………………………169

第7部　事業承継とM＆A

Ⅰ　M＆Aの活用……………………………………………173
　　　1　概　説 (173)
　　　2　売却価格 (173)
　　　3　対象会社 (174)
Ⅱ　M＆Aと従業員等への承継比較…………………………175
　　　1　M＆Aによる売却 (175)
　　　　（1）売り手企業のメリット (175)／（2）買い手企業のメリット (176)／（3）M＆Aによる売却のデメリット (176)
　　　2　従業員等への承継 (176)
　　　　（1）メリット (176)／（2）デメリット (177)
　　　3　上場会社との合併 (177)
　　　　（1）メリット (177)／（2）デメリット (177)
Ⅲ　合併対価の多様化………………………………………178
　　　1　概　説 (178)
　　　2　三角合併による親会社株式の交付 (178)

第8部　事業承継に係る諸問題の対策

Ⅰ　会社に対する現オーナー経営者の貸付金の対策……………181
　　　1　概　説 (181)
　　　2　具体的対策 (181)
　　　　（1）対策例 (181)／（2）減　資 (182)
Ⅱ　名義株式の株主に対する対策……………………………183

目　次

　　1　名義株式と相続 *(183)*
　　2　名義貸与承諾証明書 *(184)*
　　3　真正な株主の確定方法 *(184)*

第9部　事業承継と「事業の信託」

Ⅰ　新信託法と「事業の信託」…………………………………… *189*
　　1　「事業の信託」とは *(189)*
　　2　信託法の概説 *(189)*
　　　（1）信託の定義 *(189)* ／（2）事業承継と信託 *(190)*
　　3　事業信託の具体的活用 *(190)*
　　　（1）事業そのものを信託 *(190)* ／（2）事業の中継ぎ *(191)* ／（3）会社分割的な活用 *(191)* ／（4）遺産分割に活用する方法 *(191)*
　　4　信託契約 *(191)*
　　　（1）概　説 *(191)* ／（2）消極財産（債務）の信託 *(192)* ／（3）限定責任信託 *(192)* ／（4）倒産リスクの回避 *(192)*

Ⅱ　「事業の信託」の具体的内容……………………………… *194*
　　1　前提となる要素 *(194)*
　　2　「事業の信託」の手順 *(194)*
　　　（1）信託契約の締結 *(194)* ／（2）収益の分配 *(194)* ／（3）受益権の譲渡 *(194)* ／（4）事業の承継 *(195)*

Ⅲ　事業承継と他の信託………………………………………… *196*
　　1　自己信託 *(196)*
　　　（1）自己信託の要件 *(196)* ／（2）活用方法 *(196)* ／（3）課　税 *(197)*
　　2　目的信託 *(197)*
　　　（1）概　説 *(197)* ／（2）活用方法 *(198)* ／（3）目的信託の課税 *(198)*
　　3　受益者連続型信託 *(198)*
　　　（1）概　説 *(198)* ／（2）活用方法 *(199)* ／（3）課　税 *(199)*

Ⅳ　「事業の信託」のメリット………………………………… *200*
　　1　関係者の倒産・死亡からの隔離 *(200)*
　　　（1）原　則 *(200)* ／（2）具体例 *(200)* ／（3）委託者の死亡 *(201)*

2 対象事業のリスク回避 *(201)*
3 スキームの柔軟性と受託者の責任 *(202)*
Ⅴ 信託会社の要件 …… *203*
1 信託業規制 *(203)*
（1）信託業の規制概要 *(203)* ／（2）信託業法上の「営業」*(203)* ／（3）適用除外 *(204)*
2 受託者の責任 *(204)*
（1）受託者の義務 *(204)* ／（2）責任軽減の施策 *(205)*
3 体制の整備 *(205)*
Ⅵ 事業の信託に係る課題 …… *206*
1 手続的負担 *(206)*
2 関係者の理解・先例の欠如 *(206)*
3 税務・会計 *(206)*

第10部 事業承継の計画

Ⅰ 事業承継の具体案 …… *211*
1 事業承継の期間 *(211)*
2 後継者教育 *(211)*
Ⅱ 事業承継と社会的責任 …… *213*
1 債務保証問題 *(213)*
2 事業承継のリスク分析 *(213)*

おわりに *(215)*

事業承継の理論と実際

第 1 部　事業承継の問題点

I　事業承継の具体的問題

1　経営権集中の問題点

　事業承継は、第1に、経営権の承継（代表取締役社長の交代）の問題、第2に、財産権の承継（現経営者が所有する株式の承継）の問題、がある。

　後継者が旧代表者から代表取締役社長の地位を承継しても、株式を所有しなければ実質的な経営者とはいえず、財産権の承継は、大きな課題といえる。

　そこで、より具体的な問題点として、①株式が既に分散している、または今後分散する可能性（税務対策・相続等による株式分散）、②分散した株式を再集中させる困難さ（自社株式を、誰からいくらで取得できるのか）、③民法上の権利による制約（遺留分等の民法上の権利）、がある。

　特定の後継者に経営権を集中させる場合、以下の問題が生じる。

(1)　株式の分散

　事業承継の対象会社において、株式が既に分散している、または分散する可能性がある。株式が既に分散している可能性として、相続により株式が分散した事例、相続税対策により株式を親族間で意図的に分散した事例、同族外の役員・従業員が株式を取得した事例、などがある。

　従業員に株式が分散されている場合、従業員持株制度が採用されていない会社では、従業員の退職時または死亡時などに、第三者に対し株式が譲渡され、さらなる株式の分散につながる危険性がある。

　なお、従業員持株会制度が採用される場合、規約において、第三者への譲渡や担保提供が禁じられ、従業員の退職時には会社に買取がされる旨規定されることが多い。

(2)　株式の再集中

　分散した株式を再集中させる困難さがある。分散した株式を再集中する方法として、①現経営者が自己資金で既存株主から任意で交渉取得する、②

発行会社が会社資金で既存株主から任意に交渉取得する（自己株式の買付による金庫株化）、③発行会社が取得条項付株式を活用して取得する、④発行会社が相続人に対する売渡請求権に基づき取得する、などがある。しかし、既存株主から任意に交渉取得の場合、買取価格は買い取側が譲歩せざるを得ない。譲歩しても、既存株主が「売りたくない」意思が強固であれば、どうしようもない。

(3) 民法上の制約

民法上の権利による制約がある。例えば、遺留分等の民法上の権利行使である。民法上の権利による制約により、事業後継者への経営権（株式）の集中が難しいことが事業承継の障害となっていると考える中小企業は、各種アンケート結果によれば、回答企業の3割以上にのぼる[1]。

(4) 分散防止策の不十分さ

会社法による議決権の分散防止策は、中小株式会社および従来の有限会社では事業承継の円滑化の観点から利用されてこなかった。その理由として、これらの手法の不明確性およびリスクが指摘されている[2]。

2 議決権の分散防止

(1) 会社法上の対策

株式の分散に伴う議決権の拡散を防止するため、会社法における以下の規定が利用可能と考えられる。

① 株式の譲渡制限の旨を定款に定める。株式の譲渡について会社の承認が必要となるため、会社との関係で好ましくない第三者に譲渡されてしまうといった事態を防止できる。この規定は旧商法においても利用可能であった。

② 非公開会社において、会社が譲渡制限株式の売渡請求を行うことが可能となった。会社にとって好ましくない者への相続による株式の分散を防止

（1）事業承継協議会各検討委員会報告書『中小企業の事業承継円滑化に向けて』（2006年、経済産業調査会）18頁。

（2）高橋眞・村上幸隆編『中小企業法の理論と実践』（2007年、民事法研究会）258頁〜260頁。

できる。
　③　非公開会社において、これまで発行済株式総数の2分の1までとされていた議決権制限株式の発行限度が撤廃された。
　④　非公開会社において、議決権・配当等についての株主ごとの異なる取扱いが認められる。株主平等原則の例外である。

(2)　制度活用のリスク

　これらの制度の活用により、株式の分散による議決権拡散が防止され、事業承継の円滑化を実現できる場合がある。
　経営権の集中に関する手法のうち、議決権制限株式等の種類株式、議決権・配当等についての株主ごとの異なる取扱いについては、旧商法・旧有限会社法においても利用が可能であった。しかし、実際には中小株式会社および旧有限会社において事業承継の円滑化の観点から利用された実績は殆どない。
　その主な理由としては、これらの手法の法律上の解釈および評価について不明確な部分があり、制度の活用にリスクが伴うことが考えられる。

第1部　事業承継の問題点

Ⅱ　自社株式に係る問題

1　概　　説

　事業承継における、株式を含む相続財産の遺留分の問題対処および金融支援ならびに相続税の負担軽減の観点から、① 経済産業省「中小企業における経営の承継の円滑化に関する法律」（以下、「経営承継円滑化法」という。平成20年5月成立）、② 財務省大綱「非上場株式等に係る相続税の納税猶予・免除制度」（以下、「新事業承継税制」という。平成20年1月・12月公表）が立法化・公表された。経営承継円滑化法および新事業承継税制の創設により、法の特例および金融支援ならびに納税猶予のための措置等を迅速に講じることとしたのは、「後継者が自社株式の取得に係る負担問題」が大きいからである。

　現オーナー経営者が子息を後継者とすれば、財産権の承継（現オーナー経営者が所有する株式の承継）は通常、相続時である。相続対象となる自社株式の評価額が高く、現オーナー経営者が所有する株式財産額が多額になっていれば、後継者は莫大な相続税を負う。生前中に株式承継を行うと、相続税よりも高額な贈与税が課せられる。

　事業承継の問題は、自社株式の承継について、どのように対処できるかである。具体的には、① 相続税の負担額の問題、② 民法上の遺留分の問題、③ 後継者の財産が自社株式のみになる問題、などがある。民法上の遺留分の問題は前述したので、①および③の問題を検討する。

2　自社株式に係る具体的問題

(1)　相続税の負担額の問題

　① **後継者の負担**　後継者が負担する高額の相続税に対し、現オーナー経営者の退職金または生命保険金等の金融資産を充てるとしても、それだけでは相続税の納税資金が不足することがある。自社株式の評価額は会社業績

および資産等により変動するため、現オーナー経営者が有する当初の金融財産ではまかないきれないことがある。

そこで、発行会社または持株会社がある場合、持株会社に株式を売却するか、発行会社からの借入金によることにもなる。

② **発行会社の負担**　後継者が相続税の納税資金の調達のため、発行会社が後継者に現金貸し付け、または自己株式を一部買取る場合、現預金の流出が大きくなる。会社の剰余金等の内部留保金が多額であっても、現預金で残留しているとはかぎらない。設備資金および棚卸資産などの資金に費消され、自己株式の買取りに係る資金の調達は金融機関等からの借入れによることが多くなる。

その結果、後継者は、過大な負債が増加したなかで経営を引き継ぐことになる。会社の業績悪化または借入金の金利上昇により、利益率の減少が生じ、資金繰りも悪化すれば、経営不安を招きかねない。

(2) **後継者の財産が自社株式のみになる問題**

後継者が負う税負担および民法上の遺留分により、後継者名義の自宅または工場土地等の不動産を売却または他の親族所有になると、会社代表者としての個人保証の借入能力が大きく低下する。また、不動産を金融機関または取引先に担保提供している場合、他の親族が今後も担保提供に応じてくれるかどうか不安である。

3　生前贈与による自社株式対策

現オーナー経営者が自社株式を相続時まで所有すると、遺産分割および相続税が後継者に多大な負担となる。現オーナー経営者は、所有する自社株式を生前に後継者を中心に名義書換えをすることが考えられる。

そこで、自社株式対策として、持株会社への譲渡、相続人への譲渡、相続人への贈与、贈与税の納税資産確保のため持株会社への譲渡、相続時清算課税制度の活用、などがある。

III 事業承継の方法

1 承継方法の分類

　事業承継の方法として、①オーナー経営者の親族内での承継、②従業員等への承継、③M&Aにより外部の者に売却する方法、④事業の信託、などがある。以下、各方法について概説する[3]。

(1) 現オーナー経営者の親族内での承継

　事業承継の方法として、現オーナー経営者の親族内での承継方法が、一般的である。近年の傾向として、親族内承継は減少する傾向にあるが、依然として、6割強が親族内承継であるとされる。

　親族内での事業承継で重要なことは、第1に、財産権を後継者に集中承継する困難さがある。とりわけ、自社株式の承継が大きな問題である。第2に、後継者教育である。企業は社会的な存在であり、経営者一族だけのものではない。後継者は経営者としての資質および能力を備えていることが求められる。取引先および従業員をはじめ利害関係者を満足させる能力を要する。

　例えば、いきなり後継者として経営を担うことになった子息が、会社経営の経験もない場合はどうか。突然、現オーナー経営者が病気で倒れ、職務を果たせなくなった。そこで、急遽子息を後継の経営者にした。しかし、当該子息は製造現場だけしか経験せず、社業全般および経営について全く教育も受けていなかった。このような場合、1年以内に会社を窮地に陥らせることがある。

　将来予測をした経営戦略の見直し、経営陣が後継者を支える布陣、承継後のあるべき人事・組織体制の構築、トップダウン型から双方向・ボトムアップ型の経営スタイルへの移行の検討など、承継後のあるべき人事・組織体制を構築する必要がある。

（3）事業承継協議会各検討委員会報告書・前掲注（1）38頁以下。

また、各事業内容の見直し、生産工程の見直し、仕入先・販売先の見直しは欠かせない。財務面では、現オーナー経営者が死亡後、金融機関と円滑な取引ができるように、現オーナー経営者から後継者への承継前に、金融機関および後継者と協議しながら進めていくことが望ましい。

(2) 従業員等への事業承継

創業者一族以外の役員、従業員、現オーナー経営者が、旧知の者、メインバンクまたは主要取引先の有能な役員・従業員に、事業の承継をさせることがある。創業者一族以外の役員または従業員を起用した場合、経営の一体化を保持しやすく、大規模な従業員のリストラを防ぐことができる。

このように、親族内に適任者がいなくても、人材を広く探すことができる。また、同族経営から脱却をする戦略的な事業承継として使われることがある。

しかし、このような場合、後継者を従業員または会社外部から選んだ妥当性につき、社内外に納得させる理由が必要である。そうでなければ、有用な人材が辞めることになりかねない。そのため、早い段階で後継者を定め、現オーナー経営者の下で後継者教育を受けさせ、社内外に認知させる準備が必要である。

(3) Ｍ＆Ａによる売却

Ｍ＆Ａにより、事業承継の対象会社を他社に売却する方法（吸収合併）または他社とともに消滅会社となり新たな会社を設立する方法（新設合併）がある。実務ではこの場合、圧倒的に吸収合併が多い。Ｍ＆Ａの規制緩和、合併対価の柔軟化、Ｍ＆Ａ仲介会社の台頭により、Ｍ＆Ａビジネスが整備され、円滑に進めやすくなった。未上場企業が関連するＭ＆Ａの件数は増加傾向にあり、年間数千件に達する。

親族内に後継者として適任者がいなくとも、事業そのものは残り、現オーナー経営者が会社売却の利益を得ることができる。

買い手側企業が適任と思われる者を吸収会社の経営者に選任し、または吸収会社を一事業部門に格下げすることも多い。問題点として、買い手側企業による大規模な従業員のリストラ、売却金額・合併比率等の交渉および希望条件を合致する相手を探すことの困難さなどがある。

Ｍ＆Ａ後、事業承継の対象会社（被吸収合併会社）、の従業員は、買い手側

企業の社風・制度などについていけず、リストラまたは自主退職となることも多い。オーナー経営者は従業員の理解および対策が必要である。

(4) 事業の信託

「事業の信託」とは、株式等の承継により会社の事業を個人後継者に引き継がせるのではなく、財産および債務の集合体としての事業そのものを信託に移転させることである。すなわち、企業の事業自体を負債も含めて信託の対象とするのである。

信託した事業で損失が出ても会社の存続自体には影響しない。後継者がいない場合に経営能力のある第三者に事業信託をすれば、事業承継の有益な方法となる。一定期間、事業の運営を受託者に委ね、信託期間の満了後に受益者に事業を帰属させるのである。

事業の信託として、①事業そのものを信託する方法、②事業の中継ぎ、③会社分割的な活用、④遺産分割に活用する方法、などがある。「事業の信託」をはじめ、信託法および信託制度自体、一般に馴染みの薄い法制度である。信託制度を事業承継に使うことは、これまでなかったといっても過言ではない。

しかし、事業の信託は、信託制度の利点を生かすことにより、事業承継において新たな選択肢となるものと考えられる。信託法の抜本的改正およびそれに対応して信託税制が整備されたことにより、事業承継対策としての「信託」の活用が期待される。

2 親族内承継と従業員承継の課題

親族内承継では、後継者は会社内外の事情を熟知していることもあり、円滑に進めやすい。しかし、会社が極めて家族的かつ小規模であるうちはいいが、一定の規模以上になると、早い段階で、後継者を現オーナー経営者の子供とすると、従業員の出世意欲をそぐことになる。その結果、優秀な人材を確保できない欠点がある。会社の継続を最大限に考えるなら、「所有と経営の分離」を貫き、経営者として相応しい人材を登用することが望ましい。

他方、従業員等の親族外への事業承継における問題として、つぎのことが指摘できる。第1に、会社債務につき、後継者の従業員等が現オーナー経営

Ⅲ　事業承継の方法

者の個人債務保証を引き継ぐ可能性が高い。第2に、後継者の従業員等に自社株式を取得する資力がない場合が多い。第3に、後継者となる優秀な従業員等が、会社債務につき連帯保証人となることを承諾しない可能性がある。この場合、金融機関との円滑な関係が維持できるか懸念される。

　さらに、親族内承継の問題点として考えられるのは、なりたくて代表取締役社長になったわけではなく、現オーナー経営者の子供であったために家業である会社を引き継いだというような事案である。このような場合、承継がうまくいかなくて、後継者の代で会社を倒産させてしまうということが多い。事業承継は、経営の承継と資産の承継に分けられるが、経営の承継には十分な時間が必要である。教育・指導しても成長しない場合には、親族内承継を諦めるべきである。

　一方、同族会社の外部への承継では、所有と経営をどうするかが問題である。経営を外部の人間に任せると決めたのであれば、速やかに代表権および株式を譲ることが必要である。曖昧な形で同族が残り、株式の譲渡も遅らせてしまうため、社内外の情勢変化で同族のなかから経営を再度行ないたいという事態を招きかねない。

　従業員および外部への承継の場合、支配権の有無は会社経営に大きく影響する。とりわけ、取締役会非設置会社では、重要事項の決定は株主総会で行なうことになるので、支配権を誰がにぎるかは重要なことである[4]。

（4）事業承継の各方法に基づく、具体的事案を例示する。企業再建・承継コンサルタント協同組合編『企業承継の考え方と実務』（2007年、ダイヤモンド社）330〜366頁を一部参考とした。
　①　従業員への承継事例
　　本件は、事業承継の対象会社X会社の従業員出身の取締役営業部長が後継の代表取締役社長になった事例である。
　　X会社は、精密部品加工、売上高約10億円、資本金8,000万円、従業員40名である。長男Aが社長、長女Bが専務として部品加工の下請けから始めて技術特許を取得するまでに成長した。15年ほど前にAが会長に退き、Bが社長に就任し、労使関係が悪化する。Bは懇意にしていた同業他社と会社再建のため新設合併をする。合併会社Y会社の社長は、相手会社の社長Cが就任し、Bは会長に就く。しかし、Cが急逝し、Aも亡くなっていたため、病弱のBは子供を取締役として就任させるつもりでいた。持株比率につき、創業者AおよびBとその子供等の一族、急逝した社長Cが保有する株式は計54％である。X会社の現取締役（Bを除く）3人の持株比率は僅少である。
　　話し合いにより、現取締役（Bを除く）3人のうち、取締役営業部長Dが社長に就

第1部　事業承継の問題点

任し、IT部門をリストラして、高い技術力を有する連精密部品加工に特化する経営戦略に変更した。従業員を半数に削減し、新社長Dが個人資産を提供して退職金問題は解決した。これが金融機関に対し強い説得力となった。借入債務に対する個人保証をDに引き継ぐことが了承された。

　課題として、現役員の持株比率が低いので、経営支配権をいかに確立できるかである。現役員が既存株主から個人的に株式を買い取るか、Y会社として買い取り、金庫株とするかである。本件では、金融機関の協力が事業承継に果たした役割は大きい。

②　親族内での事業承継

　本件は、現オーナー経営者の親族内で事業承継をしたが、承継後に多額の借金を抱えた事例である。

　X会社は15代続く老舗の小売業者であり、和菓子の製造および販売業を営んでいる。売上高約40億円、借入金約18億円である。バブル期に先代の社長Aが病死し、不動産および自社株式に対し約12億円の相続税が生じた。

　遺族は、相続税の納税対策として、Aの個人所有である本店敷地の一部をX会社に12億円で売却し、Aの預金とを併せ、相続税を納税した。X会社は、当時、経営は順調であり、金融機関から12億円の融資を受けることができた。その後、後継者である長男Bは、多店舗戦略に失敗し、多額の債務を抱え、本業の売り上げも伸び悩んだ。

　X会社の負債が多額になったため、資産売却で借入金の返済を図りたいと考えた。しかし、X会社は本店の不動産のほかには資産はない。本店に隣接する土地は、X会社のオーナー一族の共有であり、駐車場となっていた。

　課題として、オーナー一族の資産が減少せずに借入金の返済資金を調達し、かつ、X会社が本店で事業を継続できるにはどうすべきか、という点がある。また、オーナー一族に禍根を残さないようにするにはどうすべきかである、という点もある。

　そこで、「特定事業用資産の買い換え特例」を活用する。事業用資産の買い換え特例とは、個人が事業用資産（店舗・事務所等）を譲渡し、一定期間内に特定地域内にある土地建物等の特定の資産を取得し、その取得の日から1年以内に買い換え資産を事業の用に供した場合、その事業用資産の譲渡代金の一部について課税の繰り延べが認められる。譲渡に伴う所得税の発生を抑える効果を得られる。

　オーナー一族が本店の隣地を第三者に売却し、X会社は本店土地をオーナー一族に売却する。オーナー一族はX会社に本店土地を賃貸すれば、資産規模の維持を図りつつ、X会社は本店での事業を継続できる。特定事業用資産の買い換え特例を利用することにより、一族の譲渡に伴う所得税を軽減する。

③　親族外での事業承継

　本件は、社長の甥が、将来の後継者と期待されていたが、経験が浅く、経営者としては力量不足であったため、メインバンクからの要請で、X会社の取引先Y会社に企業再建に手腕がある人材を招へいした事例である。

　X会社は、ビルメンテナンス業であり、現社長が42％の持株比率を有する。全盛時には30億円の売上高があったが、直近の売上高は約10億円にまで減少していた。銀行からの借入金は約20億円である。前期決算は2,000万円の黒字であるが、不動産賃

III　事業承継の方法

貸収入がなければ、売上高の減少から赤字は必至である。
　自主再建が可能と判断され、現経営陣が全員退陣することとなった。しかし、現社長Pに代わる後継者が育っていないこと、従業員のなかにも適任者がいないことが問題であった。そこで、メインバンクからの要請で、Y会社に企業再建に手腕がある人材を招へいした。
　外部人材による承継では、Pが負う連帯保証人の問題がある。この事例では、メインバンクはY会社から招へいした新社長Qには連帯保証を求めていない。Qが社長在任中は、前社長Pの現在の借入金に関する連帯保証はそのままとし、今後発生する借入金の連帯保証人には、後継者候補で取締役になる甥Rがなることで、主要銀行が合意した。
　Qは、100％減資の後、3,000万円の増資を行い、甥が1,500万円、現経営陣以外の一族で1,500万円出資した。メインバンクは融資の担保にX会社の株式を取り、株主総会における創業者一族の暴走を牽制できた。
　本件では、内部のしがらみのない者が、抜本的な改革に取り組むことで成功した。メインバンクは長期的には地元企業として、同族のなかから後継者が出てきて経営に携わるのが好ましいと考えていた。近い将来、甥Rが事業を承継することになる。

④　M＆Aによる会社の売却

　本件は、現オーナー経営者一族では、会社の再建が難しく、適切な後継者もいないことから、会社をM＆Aにより売却する事例である。
　X会社は、ホームセンターおよび薬局を計10店舗を経営し、年商約22億円であるが、経常利益は3,000万円の赤字であった。借入金も18億円に達し、過剰債務の状況であった。創業者Yの長男は、仕事に対する意欲も希薄であり、次男は独立して衣類販売業を営んでいる。
　創業者一族では再建は難しく、社内に一族以外の後継人材がいないこと、銀行などからの外部派遣によっても、この難局を打開することは至難であると推測された。
　メインバンクおよびコンサルティング会社は、薬局5店舗の事業譲渡を行ない、譲渡代金で債務の圧縮を図ることにした。従業員の雇用も確保される見通しであった。買い手側企業にとり、場所を確保し、店舗施設を建設し、従業員を教育し、一から顧客開拓するより、M＆Aのほうが効率的である。他の地方の有力薬局が買収候補企業となった。買収側による財務、法務、事業に関する調査がなされ、2,500万円以上の費用を要した。最終的には事業譲渡によりM＆Aは成立した。X会社は譲渡代金で債務の圧縮ができ、残った借入金は家具店の経営により返済した。

第2部　経営承継円滑化法および新事業承継税制

I 経営承継円滑化法および新事業承継税制の創設

1 法律制定の目的

「中小企業における経営の承継の円滑化に関する法律（以下、「経営承継円滑法」という。）」は、事業承継における、株式を含む相続財産の遺留分の問題および金融支援ならびに相続税の負担軽減を目的として成立した。そして、政府は、「非上場株式等に係る相続税の納税猶予・免除制度（以下、「新事業承継税制」という。）」を創設する。これらは、① 遺留分に関する民法の特例、② 金融支援、③ 相続税の納税猶予についての措置からなる。

経営承継円滑化法および新事業承継税制は、経済の基盤を形成している中小企業について、民法の特例、金融支援、相続税の負担減の措置を講じることにより、事業承継を円滑に進め、事業活動の維持継続を図ることを目的とする。

2 平成20年の成立

中小企業において、現オーナー経営者の死亡等に起因する経営の承継に際し、株式・持分および事業用資産の散逸、多額の相続税負担、信用状態の低下等の課題が発生している。これは、事業活動に支障が生じるとともに、その結果として雇用の確保および地域経済の発展に影響を及ぼす可能性がある。

そこで、経営の承継の円滑化による中小企業の事業活動の継続を図るための措置を早急に講ずる必要性から、経営承継円滑化法は平成20年8月に成立し、平成21年に新事業承継税制が創設される。

第2部　経営承継円滑化法および新事業承継税制

II　経営承継円滑化法および新事業承継税制の概要

　事業承継における、株式を含む相続財産の遺留分の問題および金融支援ならびに相続税の負担軽減の観点から、経営承継円滑化法が立法化され、新事業承継税制が創設される。以下、その概要を述べる。

1　遺留分に関する民法の特例

　後継者が、遺留分権利者全員との合意（以下、「特例合意」という。経営承継円滑化法（以下、「法」という。）9条）をなし、その合意が経営の承継の円滑化を図るためにされたことなどにつき、経済産業大臣の確認（法7条）を受けた場合、家庭裁判所の許可（法8条）により、民法の特例を受けることができる（法3条以下）。

(1)　生前贈与株式等の財産を遺留分算定基礎財産から除外

　先代経営者の生前中に、経済産業大臣の確認を受けた後継者が、遺留分権利者全員との合意内容について「家庭裁判所の許可」を受けることで、先代経営者から後継者へ生前贈与された自社株式その他一定の財産について、遺留分算定の基礎財産から除外できる。

　効果として、イ）事業継続に不可欠な自社「株式等」について、遺留分減殺請求を未然防止できる。ロ）後継者単独で家庭裁判所に申し立てるため、従来の遺留分放棄制度と比して、非後継者の手続は簡素化されている。

　なお、イ）の株式等とは、株式（株主総会において決議をすることができる事項の全部につき議決権を行使することができない株式を除く。）または持分をいう。以下、同じ（法3条2項）。

(2)　生前贈与株式の評価額を予め固定すること

　生前贈与後に株式価値が後継者の貢献により上昇した場合でも、遺留分の算定に際しては相続開始時点の上昇後の評価で計算されてしまう危険性があ

る。そこで、経済産業大臣の確認を受けた後継者が、遺留分権利者全員との合意内容について家庭裁判所の許可を受けることで、遺留分の算定に際し、生前贈与株式の価額を当該合意時の評価額で予め固定できる。

効果として、後継者が株式価値上昇分を保持できる制度の創設により、経営意欲の阻害要因を排除できる[5]。

2 金融支援等

(1) 中小企業信用保険法の特例、株式会社日本政策金融公庫法および沖縄振興開発金融公庫法の特例

中小企業者（非上場会社または個人事業主）が、代表者の死亡等に起因する経営の承継を行う場合、分散した株式および事業資産の買取等に多額の資金を要し、経営者の交代により信用状態が悪化し、銀行の借入条件および取引先の支払条件が厳しくなる。そこで、経済産業大臣が、事業活動の継続に支障が生じているとされる中小企業者を認定して、中小企業者は金融支援を受けることができる（法12条）。

イ）中小企業信用保険法の特例

認定を受けた中小企業者に対し、事業に必要な資金の借入れに関する普通保険・無担保保険・特別小口保険の別枠を設ける。

ロ）株式会社日本政策金融公庫法・沖縄振興開発金融公庫法の特例

認定を受けた中小企業者の代表者に対し、その中小企業者の事業活動の継続に必要な資金の貸付けを可能とする。

(2) 指導および助言

経営の承継に伴い事業活動の継続に支障が生じることを防止するため、多様な分野における事業の展開、人材の育成等に計画的に取り組むべき中小企業者の経営に従事する者に対し、経済産業大臣が指導・助言を行う（法14条）。

（5）相続関連事業承継法制等検討委員会の中間報告（経済産業省および中小企業庁が平成19年6月29日公表）では、事業用資産の中でも経営権の承継という点で、とくに重要性の高い自社株式は価値が変動するという特殊性があり、「株式価値の上昇に貢献した後継者が不利益を被らないように」すべき検討が必要とされている。

第 2 部　経営承継円滑化法および新事業承継税制

3　非上場株式等に係る相続税の納税猶予制度

　事業承継の後継者が自社株式を取得する際に相続税を負担することが、円滑な中小企業の事業承継における障害となってきた。そこで、政府は経営承継円滑化法を立法化し、「非上場株式等に係る相続税の納税猶予制度（新事業承継税制）」を創設する。

　新事業承継税制は、平成21年度税制改正において、経営承継円滑化法の立法化を踏まえ、一定の雇用確保・業継続等を要件に、後継者が取得した自社株式等に係る課税価格の80％に対応する相続税を納税猶予するものである。

　新事業承継税制は、平成21年通常国会において税法の一部改正案が審議され、経営承継円滑化法の施行日（平成20年10月1日）以後の相続に遡及適用する。

　他方、従来の特定同族会社株式等の特例（措法69条の5）は廃止される予定である。

4　施行時期

　経営承継円滑化法は、平成20年10月1日から施行する。ただし、第3条（定義）から第11条（家事審判法の適用）の規定は、公布の日から起算して1年を超えない範囲内において政令で定める日から施行する（附則1条）。

III 事業承継に係る遺留分に関する民法の特例

1　概　説

(1)　「遺留分の民法特例」措置の内容

　事業承継に係る遺留分に関する民法の特例（以下、「遺留分の民法特例」という。）措置は、「後継者が取得した株式等または株式等以外の財産に関する遺留分の算定に係る合意」を基礎とする（法4条1項、5条）。その特徴は、以下の内容である。

　第1に、生前贈与株式等の財産を遺留分算定基礎財産から除外できること（以下、「除外合意」という。法4条1項1号）。

　第2に、生前贈与株式等の評価額を予め固定できること（以下、「固定合意」という。同項2号）。

　第3に、①後継者が贈与を受けた株式等以外の財産、②非後継者が贈与を受けた財産を、遺留分算定基礎財産から除外できること（以下、「追加合意」という。法5条）。

(2)　特例措置の適用要件

　「遺留分の民法特例」措置を受けるためには、①後継者が遺留分権利者全員との合意（特例合意。法9条）、②当該合意につき経済産業大臣による確認（法7条）、③家庭裁判所の許可（法8条）を要する。以下、「遺留分の民法特例」措置の概要を説明する。

2　定義規定

(1)　対象会社

　①　**特例中小企業者**　「遺留分の民法特例」措置の対象会社は、特例中小企業者である。特例中小企業者とは、中小企業者のうち、一定期間以上継続（3年以上。施行規則2条）して事業を行っているものとして、経済産業省令

で定める要件に該当する会社である（法3条1項、施行規則1条2項）。

ただし、金融商品取引法に規定する金融商品取引所に上場されている株式、または店頭売買有価証券登録原簿に登録されている株式を発行している株式会社は除く。

② **中小企業者** 特例中小企業者が特例措置の対象会社であるが、中小企業者の定義は、法2条1号から5号が規定する。

このうち、1号から4号は中小企業基本法が規定する中小企業である。その区分は、以下に示すように、資本金または出資額、常時使用する従業員数、主たる事業内容による。5号は中小企業基本法上の中小企業と異なり、政令により、範囲が拡大されている（施行規則1条1項）。

③ **従業員数要件** 経営承継円滑化法に基づく経済産業大臣の確認および認定の申請をする際には、常時使用する従業員の数を証する書類（従業員数証明書）を提出する必要がある（施行規則1条6項）。

(2) **旧代表者**

① **要件** 旧代表者（先代経営者）とは、第1に、特例中小企業者の代表者であった者または現在、代表者である者。かつ、第2に、その推定相続人のうち、少なくとも1人に対し当該特例中小企業者の株式または持分（株主等）の贈与をした者である（法3条2項、施行規則1条3項）。

主たる事業		資本金の額又は出資の総額	（または）従業員数
製造業 建設業 運輸業 その他	下記以外	3億円以下	300人以下
	ゴム製品製造業（自動車又は航空機用タイヤ及びチューブ製造業並びに工業用ベルト製造業を除く）		900人以下
卸売業		1億円以下	100人以下
小売業		5,000万円以下	50人以下
サービス業	下記以外	5,000万円以下	100人以下
	旅館業		200人以下
	ソフトウェア業又は情報処理サービス業	3億円以下	300人以下

※ 会社は、「資本金の額（出資の総額）」基準又は「常時使用する従業員の数」基準のいずれかに該当すればよい。

② 贈与をしたもの　経営承継円滑化法は、「旧代表者」の定義として、「特例中小企業者の代表者であった者（代表者である者を含む。）であって、その推定相続人……のうち少なくとも一人に対して当該特例中小企業者の株式等……の贈与をしたもの」と規定する（法3条2項）。

経営承継円滑化法の特例合意が適用されるためには、旧代表者が推定相続人に対し、特例中小企業者の株式等を「贈与」することが前提であり、相続または遺贈は適用外である。旧代表者が推定相続人に株式等を生前に贈与せず、相続・遺贈により株式等を取得した場合、「旧代表者」に該当しないことになる。

(3) 推定相続人

旧代表者の推定相続人とは、相続が開始した場合に相続人となるべき者のうち、被相続人の兄弟姉妹およびこれらの者の子「以外」の者である（法3条2項）。

旧代表者の推定相続人が特例合意の当事者であり、それは後継者および非後継者からなる。

(4) 後継者

① 要　件　後継者とは、つぎの1〜4の要件をすべて満たす者である。第1に、旧代表者の推定相続人。第2に、イ）当該旧代表者から特例中小企業者の株式等の贈与を受けた者、または、ロ）その贈与を受けた者から当該株式等を相続・遺贈若しくは贈与により取得した者。第3に、特例中小企業者の総株主または総社員の議決権の過半数を有すること。第4に、特例中小企業者の代表者である者、である（法3条3項、施行規則1条4項）。

② 第1次後継者と第2次後継者　経営承継円滑化法は、「後継者」の定義として、「旧代表者の推定相続人のうち、当該旧代表者から当該特例中小企業者の株式等の贈与を受けた者又は当該贈与を受けた者から当該株式等を相続、遺贈若しくは贈与により取得した者」と規定する（法3条3項）。

前記第2の要件に照らせば、「後継者」はつぎの2つの要素からなる。

すなわち、イ）旧代表者から株式等の生前贈与を直接に受けた推定相続人である。これは、「第1次後継者」といえる。第1次後継者は、旧代表者の子供であり、旧代表者から特例中小企業者の株式等の「贈与」を受けた者に

限定される。相続および遺贈は、取得事由には含まれない。

ロ）当該贈与を受けた者（第1次後継者）から、その株式等を相続、遺贈若しくは贈与により取得した者である。これは、「第2次後継者」といえる。第2次後継者は、第1次後継者の推定相続人（第1次後継者の子供・旧代表者の孫）であり、第1次後継者から特例中小企業者の株式等を相続、遺贈若しくは贈与により取得した者である。

(5) 特例合意の対象株式

特例中小企業者の株主総会において、決議をすることができる事項の全部につき議決権を行使することができない株式は、除外される（法3条1項括弧書き）。

3　特例合意の内容と定め

(1) 特例合意の内容

旧代表者から推定相続人が受けた贈与につき、以下の遺留分に係る特例合意をなすことができる。

①　除外合意　　後継者が生前贈与を受けた株式等につき、遺留分算定の基礎財産から除外できる（法4条1項1号）。

②　固定合意　　後継者が生前贈与を受けた株式等の評価額につき、合意時点で固定できる（法4条1項2号）。なお、弁護士・弁護士法人、公認会計士・監査法人、税理士・税理士法人のいずれかによる評価額の「専門家証明」を要する。

③　追加合意　　以下の財産を、遺留分算定基礎財産から除外できる。

イ）後継者が贈与を受けた株式等以外の財産（後継者の追加合意。法5条）。

ロ）非後継者が贈与を受けた財産（後継者以外の追加合意。法6条2項）。

(2) 後継者以外の推定相続人がとることができる措置の定め

旧代表者の推定相続人は、特例合意（法4条1項）をする際、併せて、全員の合意をもって、つぎの場合における「後継者以外の推定相続人がとることができる措置」の定めをしなければならない（法4条3項）。当該取り決めは、書面によることを要する。

① 後継者が合意対象とした株式等を、処分する行為をした場合に係る措置。
② 旧代表者の生存中に、後継者が特例中小企業者の代表者として経営に従事しなくなった場合（死亡を含む）に係る措置。

(3) 各特例合意の関係

① **合意の組み合わせ**　特例合意には、除外合意・固定合意・追加合意がある。追加合意はさらに、イ）後継者の追加合意、ロ）後継者以外の追加合意、に分けることができる。これら特例合意の組み合わせは、以下のようになる。

第1に、除外合意または固定合意のいずれかを選択的に締結する。

第2に、除外合意および固定合意の両合意を一括して締結する。

第3に、除外合意・固定合意を選択的に締結または両方の締結をする場合、「後継者以外の相続人がとることができる措置」の定めをしなければならない（法4条3項）。

第4に、除外合意・固定合意を選択的に締結または両方の締結をする際に、追加合意を併せて行うことが可能である。

第5に、追加合意の締結は単独で行うことはできないと考えられる。当然に、追加合意を締結しなくてもよい。

② **問題点**　特例合意の組み合わせにおいて、除外合意または固定合意を選択的に締結、または両合意を一括して締結することが可能と考えられる。

しかし、除外合意が締結されれば、特例合意の対象株式の評価額が、後継者の努力等により生前贈与後に騰貴したとしても、当該株式は遺留分算定基礎財産から除外できる。そのため、遺留分算定基礎財産が増加することはない。

そこで、除外合意および固定合意を一括して締結する意義が果たしてあるのか、疑問である。

(4) 全員の同意と書面による定め

「遺留分の民法特例」措置の適用を受けるためには、旧代表者の推定相続人が全員の合意をもって書面により、定めることができる（法4条柱書）。

(5) 特例合意の必要条件

特例合意（法4条1項）が締結できる条件を要約すれば、以下のようになる。
① 当事者（旧代表者の推定相続人）全員の合意。
② 特例合意の対象となる株式等を除いた場合、後継者が有する株式の議決権比率が過半数に達しないこと。
③ 以下の場合につき、後継者以外の推定相続人に「措置」の定めがあること。
イ）後継者による合意対象の株式等の処分。
ロ）旧代表者の生存中に、後継者が経営に従事しなくなった場合（死亡を含む）。

(6) 特例合意の適否に係る諸問題

① **後継者の議決権数**　特例合意は、「後継者」が所有する特例中小企業者の株式等のうち、特例合意の対象とする株式を除いたものに係る議決権の数が、「総株主の議決権の100分の50を超える」場合、行うことができない（法4条1項但書）。

すなわち、後継者が、除外合意・固定合意の対象となる議決権株式等を除いて、過半数の議決権株式等を所有している場合、実態として事業承継が実現している。そのため、特例措置を適用する必要はないと考えられるからである。

② **旧代表者からの贈与等**　特例合意の対象株式は、後継者が旧代表者からの贈与等により取得したものに限定される。後継者が特例中小企業者に自ら出資した株式は除く。

贈与等の時期は、経営承継円滑化法の施行前であってもよい。また、贈与が複数回にわたりなされたものでも、これらをまとめて一つの特例合意とすることができる。

③ **合意対象株式の範囲**　特例中小企業者の株主総会において、決議をすることができる事項の全部につき議決権を行使することができない株式は、除外される（法3条1項括弧書き）。

④ **後継者以外の推定相続人による「措置」の定め**　後継者以外の推定相続人がとることができる措置として、「旧代表者の生存中に、後継者が特

例中小企業者の代表者として経営に従事しなくなった場合」がある。これは後継者の死亡を念頭においている。しかし、後継者が健康上の理由、経営者としての不適格であることなどにより、特例中小企業者の代表取締役から取締役に降格、または取締役を辞任することなどの要素も対象として含む。

4　経済産業大臣の確認

「遺留分の民法特例」措置の適用を受けるためには、経済産業大臣の確認を受けることになる（法7条）。当該確認の内容について概説する。

(1)　確認申請の要件

経営承継円滑化法4条1項の規定による特例合意をした後継者は、次の各号のいずれにも該当する場合、経済産業大臣の確認を受けることができる（法7条1項）。

第1に、特例合意が特例中小企業者の経営承継の円滑化を図るためであること。

第2に、申請者が合意日に後継者であったこと。

第3に、合意日に合意対象の株式等を除く議決権数が総株主または総社員の議決権の100分の50以下の数であったこと。

第4に、法4条3項規定の合意（後継者以外の相続人がとる措置の定め）をしていること、である。

(2)　後継者以外の推定相続人がとる措置の定め

旧代表者の推定相続人は、特例合意をする際、併せて、全員の合意をもって、「後継者以外の推定相続人がとることができる措置」の定めをしなければならない（法4条3項）。

(3)　申請書の提出

①　**特例合意の当事者全員の署名または記名押印のある書面**　経済産業大臣に対する確認申請は、特例合意（法4条1項）をした日から1ヵ月以内に、次に掲げる書類を添付した申請書を、経済産業省令で定める書類とともに、経済産業大臣に提出することを要する（法7条2項）。

イ）特例合意に関する書面、ロ）合意当事者の全員が特例中小企業者の経

営承継の円滑化を図るために合意をした旨の記載書面、である。

これら書面には、合意当事者の全員の署名または記名押印を要する。

② **固定合意に係る証明書面**　株式等の評価額につき固定合意をした場合、弁護士・公認会計士・税理士等のいずれかによる評価額の専門家証明を記載した書面を要する。

③ **その他**　上記①および②に掲げるもののほか、経済産業省令で定める書類、である。

(4) 後継者の死亡

特例合意をした後継者が死亡した場合、後継者の相続人は経済産業大臣の確認を受けることができない（法7条3項）。

(5) 確認取消しとその効果

① **虚偽・不正手段**　経済産業大臣は、確認を受けた者に関し、虚偽・不正手段により確認を受けたことが判明した場合、確認取り消しが可能である（法7条4項）。

経済産業大臣の確認が取り消されると、経営承継円滑化法8条1項に規定する合意は、効力を失う（法10条1号）。

② **確認の再申請に係る問題**　経済産業大臣の確認に際して、虚偽・不正手段により確認を受けたことが判明した場合、確認取り消しが可能である（法7条4項）。「確認取り消し可能」との文言から、確認取り消しとならない場合とは、どのような状況か。また、一度取り消された場合、確認の再申請を認めないのかが問題となる。

5　家庭裁判所の許可

(1) 特例合意の効力要件

経営承継円滑化法4条1項の規定による特例合意については、つぎの各号のいずれにも該当する場合、その効力を生ずる（法8条1項）。

第1に、経済産業大臣の確認（法7条）を受けた者による。第2に、経済産業大臣の確認を受けた日から1ヵ月以内に家庭裁判所に申し立てる。第3に、家庭裁判所の許可を受けたときに限り、合意（法4条1項）の効力を生ず

る。

(2) 後継者単独の申立て
　家庭裁判所に対する申立ては、後継者が単独でなることができる。従来の遺留分放棄制度では、相続の放棄をしようとする者が、その旨を家庭裁判所に申述しなければならない（民法938条）。非後継者は当該手続を要しない。

(3) 当事者全員の合意
　① **許可要件**　後継者は単独で家庭裁判所に対し、非後継者の遺留分放棄を申し立てることができる。そのため、家庭裁判所は、遺留分放棄の特例合意が当事者全員の真意に出たものであるとの心証を得なければ、これを許可することができない（法8条2項）。
　② **心証を得る調査の範囲**　家庭裁判所は、「遺留分放棄の合意が当事者全員の真意」に基づくとの心証を得なければ許可することができない（法8条2項）。具体的に、家庭裁判所は、「遺留分放棄の合意が当事者全員の真意に出たもの」について、どの程度の調査を行うのかが問題となる。これは家事審判法による親族関係の聞き取りなどが考えられる。

(4) 確認者の死亡
　経済産業大臣の確認を受けた者が死亡した場合、その相続人は、家庭裁判所の許可（法8条1項）を受けることができない（法8条3項）。

(5) 家事審判法の適用
　家庭裁判所の許可は、家事審判法の適用について、同法9条1項甲類に掲げる事項とみなす（法11条参照）。

6　特例合意の効力

(1) 効力発生の要件
　① **民法規定の適用除外**　遺留分の民法特例に係る合意（法4条1項）につき、家庭裁判所の許可（法8条1項）があった場合、民法1029条1項（遺留分の算定方法）および民法1044条（代襲相続および相続分の規定の準用）において準用する民法903条1項（特別受益者の相続分）の規定は適用されない。旧代表

者の推定相続人による合意（法4条1項、5条、6条2項）に係る遺留分算定の財産価額に算定しない（法9条1項）。すなわち、生前贈与を受けた株式等につき、遺留分算定の基礎財産から除外できる。

　②　**固定合意がある場合**　生前贈与株式等の評価額を予め固定できる制度（法4条1項2号）において、家庭裁判所の許可があった場合、旧代表者の推定相続人による合意の効力が生じる（法8条2項）。そのため、生前贈与株式等の評価について、当該固定の合意をした価額として算定される（法9条2項）。

(2)　**適用の除外**

　経営承継円滑化法9条1項・2項の規定に関らず、旧代表者がした遺贈および贈与について、特例合意の当事者（代襲者を含む）以外の者に対してする減殺に影響を及ぼさない（法9条3項）[6]。

(3)　**合意の効力の消滅（法10条2項）**

　家庭裁判所の許可を得て、生前贈与株式等を遺留分の対象から除外できる制度（法4条1項1号）、および生前贈与株式等を遺留分の対象から除外できる制度（同項2号）の合意（法8条1項）は、つぎの事由により効力を失う。

①　経済産業大臣の確認（法7条1項）が取り消されたこと。
②　旧代表者の生存中に後継者が死亡または後見開始もしくは保佐開始の審判を受けたこと。
③　合意の当事者以外の者が新たに旧代表者の推定相続人となったこと
　　（例えば、旧代表者が再婚し、子供が誕生した場合）。
④　合意の当事者の代襲者（民法887条2項）が旧代表者の養子となったこと。

7　特例合意の効力発生までの過程

(1)　**特　例　合　意**

　当事者が、遺留分の民法特例に係る合意（法4条1項）をなす。

（6）　その合意の当事者には、民法887条（子及びその代襲者等の相続権）第2項の規定により旧代表者の相続人となる者（代襲者）が含まれる。

(2) 経済産業大臣に申請

後継者が、特例合意から1ヵ月以内に、経済産業大臣に申請する。後継者の単独申請である。

(3) 経済産業大臣の確認

経済産業大臣は、後継者の申請に対し、つぎの内容を確認する。
① 特例合意が、経営の承継の円滑化を図るためにされたものであること。
② 申請者が後継者の要件に該当すること。すなわち、申請者が旧代表者から株式等の贈与を受けた推定相続人であり、議決権の過半を有する代表者であること。
③ 特例合意の対象となる株式を除けば、後継者が議決権の過半数を確保することができないこと。
④ 以下の場合、非後継者がとることができる措置の定めがあること。
　イ）後継者が合意の対象となった株式を処分したこと。
　ロ）旧代表者の生存中に、後継者が代表者として経営に従事しなくなったこと。

(4) 家庭裁判所に対する申立て

後継者が、経済産業大臣による確認を受けた後、1ヵ月以内に、家庭裁判所に特例合意の許可申立てをおこなう。後継者の単独申立てである。

(5) 家庭裁判所の許可

家庭裁判所は、特例合意が当事者全員の真意によるものであることの心証を得るために、一定の調査をなす。

(6) 特例合意の効力発生

遺留分の民法特例に係る合意（法4条1項）は、上記の手続を経て効力が発生する。

Ⅳ 生前贈与株式を遺留分の対象から除外できる制度

1 除外合意

(1) 規　定

遺留分の民法特例措置として、生前贈与株式等を遺留分の対象から除外できる（除外合意）。すなわち、当該後継者が旧代表者からの贈与またはその贈与を受けた旧代表者の推定相続人からの相続、遺贈若しくは贈与により取得した当該特例中小企業者の株式等の全部または一部について、その価額につき遺留分を算定するための財産の価額に算入しない（法4条1項1号）。

(2) 効力発生の手続

除外合意の効力発生となる手続は、以下のとおりである。

①旧代表者の生前に、②経済産業大臣の確認を受けた後継者が、③遺留分権利者全員との合意内容（除外合意）について、④経済産業大臣の確認を得て、⑤家庭裁判所の許可を受け、⑥旧代表者から後継者に対し生前贈与された自社株式等の財産について、⑦遺留分算定の基礎財産から控除する（法4条1項1号、7条、8条、9条）。

経済産業大臣の確認および家庭裁判所の許可の各内容については、詳述した。

2 メリット

当該制度のメリットは、第1に、事業継続に不可欠な自社株式等に係る遺留分減殺請求を未然に防止できる。第2に、後継者が単独で家庭裁判所に申し立てることができ、従来の遺留分放棄制度と比して、非後継者の手続は簡素化できる。

従来、相続人が遺留分を放棄する場合、相続開始後の遺留分に係る紛争を防止する手段として、相続開始前に遺留分放棄制度を活用することができた。

Ⅳ 生前贈与株式を遺留分の対象から除外できる制度

しかし、当該制度では、遺留分放棄者が個別に家庭裁判所に申立てをなし、許可を得なければならない。新制度は、後継者が単独で家庭裁判所に申し立てることができるのである。

3 具体例

P会社の代表者Aは、P会社株式のすべてを保有している。Aには配偶者B、長男C、長女Dがいる。従来の制度では、Aから相続をする場合、P会社株式を含め、Aの財産を、Bが2分の1、CおよびDが各4分の1となり、CにP会社株式100％を相続させるには、BおよびDが遺留分を放棄しなければならない。

特例措置は、P会社の事業承継のため、Cを後継者と定めた場合、CにAが保有するP会社株式100％を生前贈与する。B・C・Dは、P会社株式を除く相続財産において遺留分を算定する。

Ⅴ 生前贈与株式の評価額を予め固定できる制度

1 固定合意

(1) 規　　定

　遺留分の民法特例措置として、生前贈与株式等の評価額を予め固定できる（固定合意）。すなわち、前述した「除外合意」の株式等の全部または一部について、遺留分を算定するための財産の価額に算入すべき価額を、当該合意の時における価額とすることができる。

　合意の時における価額は、弁護士・弁護士法人・公認会計士・監査法人・税理士・税理士法人がその時における相当な価額として専門家証明したものに限る（法4条1項2号）。

(2) 効力発生の手続

　固定合意の効力発生となる手続は、以下のとおりである。①旧代表者の生前に、②経済産業大臣の確認を受けた後継者が、③遺留分権利者全員との合意内容について、④家庭裁判所の許可を受けることにより、⑤遺留分の算定に際して、⑥生前贈与株式等の価額を当該合意時の評価額で予め固定できる（法4条1項2号、7条、8条、9条）。

　「生前贈与株式の評価額を予め固定できる制度」の適用を受けるためには、「生前贈与株式を遺留分の対象から除外できる制度」と同様に、①全員の同意と書面による定め（法4条柱書）、②経済産業大臣の確認（法7条）、③家庭裁判所の許可（法8条）を要することは同じである。

　経済産業大臣の確認および家庭裁判所の許可の各内容については、詳述した。

V　生前贈与株式の評価額を予め固定できる制度

2　従来制度の課題

(1)　株式価値の変動

① **贈与時点からの変動**　固定合意制度を検討するうえで、従来制度が抱える課題として、つぎのことが指摘できる。後継者の会社に対する貢献等により特例中小企業者の資産または業績等が増大・向上し、生前贈与株式後の株式価値が上昇することが考えられる。そのため、相続開始時点で騰貴した株式評価により算定され、後継者は遺留分の算定で過大の負担を負うことになる。

遺留分算定の基礎財産として、後継者が旧代表者から生前贈与された財産も合算されるため、旧代表者の配偶者および子供に対する贈与は、原則として何年前になされたものであっても合算対象となる。

② **合算される贈与財産の評価時点**　遺留分算定の基礎財産に合算される贈与財産の評価時点は、贈与時ではなく相続開始時である。後継者に生前贈与された株式の評価額が騰貴した場合、価値の騰貴分も含めて遺留分減殺請求の対象となるからである。というのも、後継者にとっては、実際の会社経営を通じて株式の評価額を高めることは、インセンティブとして機能しなくなるからである。

経営承継円滑化法における固定合意制度は、当該問題点に対処する有効な手法である。

(2)　具体的事例

Ｐ会社の現（旧）オーナー経営者Ａは、後継者（Ａの長男）ＢにＰ会社株式の全てを生前贈与した。当該時点でのＰ会社株式の評価価値は２億円であった。Ａの配偶者はすでに死亡し、ＡにはＢ・Ｃ・Ｄの子供がいる。Ｃ・Ｄは、Ｐ会社の経営に全く関与していない。８年後に相続が発生し、Ａには不動産および現金等として３億円の遺産があった。同時に、遺産相続の開始時には、Ｐ会社株式は９億円の価値を有していた。

従来の制度では、生前贈与された財産は、贈与時ではなく相続開始時の評価で合算される。そのため、遺留分算定基礎財産は、３億円（不動産および現金等）＋９億円（贈与株式の相続開始時評価）＝12億円になる。

C・Dの遺留分は各2億円（12億円÷3÷2）であり、後継者Bは自己の経営努力でP会社株式の価値を上昇させたにもかかわらず、Aの遺産3億円を全く相続できないだけでなく、C・Dが遺留分減殺請求をした場合、C・Dは各2億円分のP会社株式を取得できる。

3 メリット

(1) 内容

固定合意制度のメリットとして、つぎのことが考えられる。すなわち、後継者は、経済産業大臣の確認を受け、遺留分権利者全員との合意内容につき家庭裁判所の許可を受け、遺留分の算定に際して、生前贈与株式の価額を当該合意時の評価額で予め固定できるのである。

その結果、後継者が自身の貢献等により株式価値が騰貴しても、価値騰貴の部分を他の相続人に分配する必要はなく、保持できる。そして、経営意欲を高めることができる。

(2) 具体例

P会社の代表者Aは、全自社株式を保有している。Aには配偶者B、長男C、長女Dがいる。AはCを後継者と定め、CにAが保有するP会社株式100％を生前贈与する。

従来の制度では、贈与時にP会社株式が100の価値であったものが、相続時に150の価値に騰貴していた場合、価値上昇部分につき減殺請求により非後継者に分配する必要があった。

固定合意制度は、贈与時にP会社株式が100の価値であったものが、相続時に150の価値に騰貴していた場合であっても、贈与時に非後継者と合意することにより、価値上昇部分につき減殺請求の対象とはならない。

4 評価額の証明

(1) 生前贈与株式の評価額の専門家証明

遺留分を算定するため、生前贈与株式の評価額を予め固定できる合意をする場合、当該合意の時における価額について、弁護士・弁護士法人、公認会計士・監査法人、税理士・税理士法人が専門家証明をしなければならない

(法4条1項2号)。

(2) 価額証明の不適格者

　固定合意制度における生前贈与株式等の価額証明につき、つぎに掲げる者は当該証明をすることができない（法4条2項）。
　イ）旧代表者。ロ）後継者。ハ）業務停止の処分を受け、停止期間を経過しない者。ニ）弁護士法人、監査法人または税理士法人であり、社員の半数以上が旧代表者または後継者のいずれかに該当する者、である。

5　評価額の決定に係る問題点

「生前贈与株式等の評価額を予め固定できる制度」の適用を受ける場合、実務上の問題点として、以下のことが指摘できる。
　① 相続時の評価額が固定した価格を「下回った」場合の対応　「生前贈与株式等の評価額を予め固定」する場合、相続時の評価額が固定した価格を「下回った」としても、固定した額で評価することになるのか。
　② 当事者の協議が調わない場合の対応　生前贈与株式等の評価について、一定の評価方法につき、当事者の協議が調わない場合、裁判所に申し立てることは可能であるのか。
　③ 費用負担　評価額の証明は、多額の費用負担が当事者に生じる。当該負担割合について、当事者の協議によるのか。
　④ 欠格事由の例外　評価額の証明者の欠格事由として、旧代表者および後継者が該当する。これらの者が弁護士・公認会計士・税理士のいずれかまたは兼務している場合、より良く対象会社の事情を知る者として、欠格事由から除外することは考えられないか。それとも、客観的評価の観点から問題であろうか。

VI 追加合意と衡平を図る措置

1 後継者の追加合意

(1) 概　要

　事業承継に係る遺留分に関する民法の特例措置は、①生前贈与株式等を遺留分の対象から除外できる制度（除外合意）、②生前贈与株式等の評価額を予め固定できる制度（固定合意）に大別できる。

　さらに、「後継者が取得した株式等以外の財産に関する遺留分の算定に係る合意」制度（後継者の追加合意）がある。これは、除外合意および固定合意のいずれか、または両合意を当事者が定めた場合、追加的に合意の定めをすることができる。

(2) 株式等以外の財産に関する遺留分算定の除外

　①　**合意の内容**　旧代表者の推定相続人は、後継者が取得した株式等に関する遺留分の算定に係る合意（特例合意。法4条1項）をする際に、その全員の合意により、後継者が旧代表者からの贈与等により「取得した財産」について、当該価額を遺留分算定の財産価額から除外する旨を定めることができる（法5条）。

　②　**除外する財産**　「取得した財産」とは、当該特例中小企業者の株式以外の財産である。なお、当該定めは、書面によらなければならない。

2 推定相続人間の衡平を図る措置

　旧代表者の推定相続人が、経営承継円滑化法4条1項の規定による合意（特例合意）をする際に、併せて、その全員の合意をもって、推定相続人間の衡平を図るための措置に関する定めをすることができる（法6条1項）。当該定めは、書面によることを要する。

3 後継者以外の追加合意

　旧代表者の推定相続人は、推定相続人間の衡平を図る措置に係る合意(法6条1項)として、後継者以外の推定相続人が旧代表者からの贈与等により取得した財産について、当該価額を遺留分算定の対象財産の価額から除外する旨を定めることができる(法6条2項)。これは、後継者以外の追加合意である。

第2部　経営承継円滑化法および新事業承継税制

Ⅶ　事業承継の円滑化のための金融支援

1　問題点の所在

(1) 規定理由

　経営承継円滑化法は、① 相続税の課税についての措置、② 遺留分に関する民法の特例、③ 金融支援からなる。金融支援については、経営承継円滑化法12条から15条が規定する。

　金融支援規定が設けられた理由は、事業承継に生じる2つの問題に対処するためである。第1に、多額の資金需要である。第2に、信用力の低下による外部機関からの融資の困難さである。

(2) 多額の資金需要

　事業承継に生じる多額の資金需要として、例えば、つぎのことが考えられる。

　① 代表者の死亡等に起因する経営の承継に伴い、後継者は分散した株式および事業資産の買取等に多額の資金を要する。② 株式および事実用資産について、後継者は多額の相続税を納める資金を要する。③ 親族以外の承継では、旧代表者から株式等の買取等に多額の資金を要する。

(3) 信用力の低下

　旧代表者から後継者に経営交代がなされると、概して旧代表者の個人的信用力が大きい中小企業では信用状態が悪化し、銀行等の外部機関からの借入条件および取引先の支払条件が厳しくなる。

　後継者が負う税負担および民法上の遺留分により、後継者名義の自宅または工場土地等の不動産を売却または他の親族所有になると、会社代表者としての個人保証の借用力が大きく低下する。また、不動産を金融機関または取引先に担保提供している場合、他の親族が今後も担保提供に応じてくれるかどうか不安である。

(4) 金融支援策

　これら事業承継に係る問題点に対処するため、つぎの金融支援策を設ける。
　第1に、会社の資金需要に対応するため、「中小企業信用保険法の特例」として、信用保険の別枠を設ける（法13条）。
　第2に、後継者の資金需要に対応するため、「株式会社日本政策金融公庫法及び沖縄振興開発金融公庫法の特例」として、後継者（代表者）個人に対する融資を行う（法14条）。

2　金融支援の制度概要

(1) 金融支援を受ける原因

　中小企業者が、代表者の死亡等に起因する事業承継に伴い、①多額の資金需要が発生している場合、②信用力が低下している場合、経営承継円滑化法における金融支援を受けることができる。

(2) 制度概要

　金融支援の制度概要は、以下の内容である。
　第1に、「中小企業者が事業活動の継続に支障が生じている」と経済産業大臣が認定することを要する（法12条）。当該認定を受けた中小企業は、認定中小企業者と呼ばれ、非上場会社または個人事業主に限定される。
　第2に、中小企業信用保険法の特例または株式会社日本政策金融公庫法・沖縄振興開発金融公庫法の特例措置である（法13条）。
　第3に、経営の承継に伴い事業活動の継続に支障が生じることを防止するため、経済産業大臣が指導・助言を行う（法14条）。

3　経済産業大臣の認定

　中小企業者の事業活動の継続に支障が生じている場合、経済産業大臣の認定を受けたうえで（認定中小企業者）、①中小企業信用保険法の特例、②株式会社日本政策金融公庫法および沖縄振興開発金融公庫法の特例対象となる。
　経済産業大臣の認定対象者は、つぎに掲げる者である。認定に必要な事項は、経済産業省令が定める（法12条2項、施行規則6条1項）。

(1) 会社である中小企業者

　経済産業大臣の認定対象者は、会社である中小企業者である。すなわち、① 会社である中小企業者における代表者の死亡等に起因する経営の承継に伴い、② 死亡した当該代表者または退任代表者の資産のうち、③ 中小企業者の事業活動の実施に不可欠なものを取得するため、④ 多額の費用を要することその他経済産業省令で定める事由が生じているため、⑤ 当該中小企業者の事業活動の継続に支障が生じていると認められること（法12条1項1号）、である。

　なお、金融商品取引所の上場会社の発行株式または店頭売買有価証券登録原簿に登録されている株式を発行している株式会社は、当該制度の対象外である。

(2) 個人である中小企業者

　経済産業大臣の認定対象者は、個人である中小企業者である。すなわち、① 個人である中小企業者の死亡等に起因し、② 個人である中小企業者が営んでいた事業の経営の承継に伴い、③ 当該中小企業者の資産のうち、事業の実施に不可欠なものを取得するために、④ 多額の費用を要すること、その他経済産業省令で定める事由が生じているため、⑤ 個人である中小企業者の事業活動の継続に支障が生じていると認められること（法12条1項2号）、である。

(3) 問題点

　① **事業活動の継続に支障**　　認定中小企業者となるためには、「中小企業者の事業活動の継続に支障が生じている」ことを、認定対象者は証明することを要する（法12条1項1号・2号）。

　では、「事業活動の継続に支障」が生じていることは、事業承継に係る資金不足に限定されるのか。または、事業承継に多額の費用を要するため、その結果、事業活動自体に支障が生じている場合にも、妥当するのか。

　② **事業活動の実施に不可欠なもの**　　中小企業者の事業活動の実施に「不可欠なもの」を取得するために限定される。しかし、それは主観的要素を多く含むのではないか。

4　中小企業信用保険法の特例措置

(1)　概　　要

　中小企業者が、代表者の死亡等に起因する事業承継に伴い、①多額の資金需要が発生し、②信用力の低下している場合、「会社の資金需要」に対応するため、「中小企業信用保険法の特例」措置の対象となる（法13条）。

　特例措置が適用される前提として、経済産業大臣により、「中小企業者が事業活動の継続に支障が生じている」との認定（以下、「認定中小企業者」という。）を受けていることを要する（法12条）。なお、中小企業者とは、非上場会社または個人事業主である。

(2)　認定中小企業者に対する特例措置

　中小企業信用保険法に規定する普通保険（中小企業信用保険法3条1項）、無担保保険（同法3条の2第1項）または特別小口保険（同法3条の3第1項）の保険関係であって、経営承継関連保証を受けた認定中小企業者に係るものについては、①普通保険、②無担保保険、③特別小口保険の特例措置を受けることができる。

　経営承継関連保証とは、中小企業信用保険法3条1項・3条の第21項・3条の3第1項に規定する債務の保証であって、認定中小企業者の事業に必要な資金に係るものをいう（経営承継円滑化法13条括弧書き）。

(3)　資金調達の支援信用保険の別枠化

　中小企業信用保険法の特例措置は、認定中小企業者に対し、事業に必要な資金の借入れに関する普通保険・無担保保険・特別小口保険の別枠を設けるものである。すなわち、中小企業信用保険法に規定する普通保険等の保険関係であって、認定中小企業者の事業に必要な資金に係る債務の保証に係るものについて、保険の付保限度額の別枠化の措置を講ずるのである。

　この結果、認定中小企業者は株式および事業用資産等の買取資金、一定期間の運転資金等に係る資金調達を支援することができる。

(4)　信用保険の別枠化

　中小企業信用保険法において、従来の信用保険では、a）普通保険が2億

第2部　経営承継円滑化法および新事業承継税制

円、b）無担保保険が8,000万円、c）特別小口保険が1,250万円を上限として貸付けを受けることができる。

　特例措置では、従来の信用枠に加え、①普通保険が2億円、②無担保保険が8,000万円、③特別小口保険が1,250万円をそれぞれ別枠化として、信用保険を拡大する。

(5)　信用保険の具体的内容

　①　**普通保険**　中小企業金融公庫（以下、「公庫」という。）は、事業年度の半期ごとに、信用保証協会を相手方として、信用保証協会が中小企業者の金融機関からの借り入れによる債務の保証をする。

　そのため、中小企業者1人について、経営承継円滑化法13条に規定する「経営承継関連保証」に係る保険関係の保険価額の合計額とその他の保険関係の保険価額の合計額とがそれぞれ2億円を超えることができない普通保険について、借入金の額のうち保証をした額の総額が一定の金額に達するまで、その保証につき、「公庫と信用保証協会」との間に保険関係が成立する旨を定める契約を締結することができる。

　②　**無担保保険**　公庫は、事業年度の半期ごとに、信用保証協会を相手方として、信用保証協会が中小企業者の金融機関からの借入れによる債務の保証であり、その保証について担保（保証人の保証を除く）を提供させないものとすることにより、経営承継関連保証に係る保険関係の保険価額の合計額とその他の保険関係の保険価額の合計額とがそれぞれ8,000万円を超えることができない無担保保険について、借入金の額のうち保証をした額の総額が一定の金額に達するまで、その保証につき、公庫と信用保証協会との間に保険関係が成立する旨を定める契約を締結することができる。

　公庫と無担保保険の契約を締結し、かつ、普通保険等に規定する債務の保証をした場合において、経営承継関連保証及びその他の保証ごとに、それぞれ借入金の額のうち保証をした額が8,000万円（経営承継関連保証及びその他の保証ごとに、債務者たる中小企業者について既に無担保保険の保険関係が成立している場合にあっては、8,000万円から保険関係における保険価額の合計額を控除した残額）を超えないときは、その保証については、無担保保険の保険関係が成立するものとする。

Ⅶ　事業承継の円滑化のための金融支援

③　**特別小口保険**　公庫は、事業年度の半期ごとに、信用保証協会を相手方として、信用保証協会が小規模企業者であって経済産業省令で定める要件を備えているものの金融機関からの借り入れによる債務の保証であってその保証について担保（保証人の保証を含む）を提供させないものをすることにより、小規模企業者1人についての経営承継関連保証に係る保険関係の保険価額の合計額とその他の保険関係の保険価額の合計額とがそれぞれ1,250万円を超えることができない保険（特別小口保険）について、保証した借入金の額の総額が一定の金額に達するまで、その保証につき公庫と信用保証協会との間に保険関係が成立する旨を定める契約を締結することができる。

　また、公庫と特別小口保険の契約を締結し、かつ、普通保険等の契約を締結している信用保証協会が上記の債務を保証した場合において、経営承継関連保証及びその他の保証ごとに、それぞれ保証をした借入金の額が1,250万円（経営承継関連保証及びその他の保証ごとに、債務者たる小規模企業者について既に特別小口保険の保険関係が成立している場合にあっては、1,250万円から保険関係における保険価額の合計額を控除した残額）を超えないときは、その保証については、特別小口保険の保険関係が成立するものとする。

5　日本政策金融公庫法・沖縄振興開発金融公庫法の特例

(1)　概　要

　中小企業信用保険法の特例措置（経営承継円滑化法13条）は、会社の資金需要に対応しているが、「株式会社日本政策金融公庫法・沖縄振興開発金融公庫法の特例」措置は、認定中小企業者の「後継者個人」の資金需要に対応するために設けられた（法14条）。

　適用の前提として、経済産業大臣により、「中小企業者が事業活動の継続に支障が生じている」との認定を受けていることを要する（法12条）。中小企業者とは、非上場会社または個人事業主である[7]。

（7）経営承継円滑化法14条1項は、「日本政策金融公庫または沖縄振興開発金融公庫は、日本政策金融公庫法11条（業務の範囲）または沖縄振興開発金融公庫法19条（業務の範囲）の規定にかかわらず、認定中小企業者の代表者に対し、代表者が相続により承継した債務であり、認定中小企業者の事業の実施に不可欠な資産を担保とする借入れに係るものの弁済資金その他の当該代表者が必要とする資金であり、認定中小企業者

第2部　経営承継円滑化法および新事業承継税制

(2) 後継者個人に対する融資と金利

特例措置は、認定中小企業者の「後継者（代表者）個人」に対し、中小企業者の事業活動の継続に必要な資金の貸付けを低利で実施するものである。

利率は、通常では2.1％の基準金利が適用されるが、特例措置が適用されると、1.75％の特別利率（平成20年1月時点）が適用される。

(3) 融資の対象案件

融資対象は、① 代表者（後継者）が相続により承継した債務であり、② 認定中小企業者の事業の実施に不可欠な資産を担保とする借入れに係るものの弁済資金その他の当該代表者が必要とする資金であり、③ 認定中小企業者の事業活動の継続に必要なものとして経済産業省令で定めるもの、である（法14条1項、施行規則13条）。

「事業活動の継続に必要なもの」に係る貸付けとは、① 小口の融資、② 農林漁業の持続的かつ健全な発展に資する長期かつ低利の資金、③ 長期の資金（②を除く）、である。

具体的には、株式および事業用資産等の買取資金、相続税・遺留分減殺請求への対応資金等が考えられる[8]。

(4) 問題点

① **支援措置の限定と問題点**　代表者（後継者）に対する支援措置は、「相続により承継した債務」に限定され（法14条1項）、代表者（後継者）が贈与により承継した債務に対し、支援措置は適用されない。

このような制限を設けている理由として、贈与時には贈与税課税について、新たな手当てがなされるのか。

② **必要性の証明**　融資支援措置は、「認定中小企業者の事業の実施に不可欠な資産を担保とする借入れに係るものの弁済資金その他の当該代表者が必要とする資金」であることを要件とする（法14条1項）。

代表者（後継者）が融資支援を求める場合、資金の必要性につき、どの程

　の事業活動の継続に必要なものとして経済産業省令で定めるもののうち、別表の上欄に掲げる資金を貸し付けることができる」と規定する。
（8）平川忠雄＝中島孝一『新事業承継法制＆税制のベクトル』（2008年、税務経理協会）87頁〜91頁を参照。

度の証明を要するのか。なお、審査内容は施行規則6条に手続が定められている。

6　経済産業大臣の指導および助言

(1)　金融支援の一環

事業承継の円滑化のための金融支援の一環として、経済産業大臣は、認定中小企業者の代表者の死亡等に起因する経営の承継に伴い事業活動の継続に支障が生じることを防止するために、代表者（後継者）に対し、必要な指導および助言を行う。

(2)　目　的

経済産業大臣による指導および助言の目的は、① 中小企業者の代表者の死亡等に起因する経営の承継に伴い、② 従業員数の減少を伴う事業の規模の縮小、③ 信用状態の低下等により、④ 中小企業者の事業活動の継続に支障が生じることを防止するためである（法15条）。

そこで、経済産業大臣は、多様な分野における事業の展開ならびに人材の育成および資金の確保に計画的に取り組むことが特に必要かつ適切なものとして、経済産業省令で定める要件に該当する同経営に従事する者に対し、指導・助言を行う。

(3)　指導・助言に従う義務

経済産業大臣は、認定中小企業者の代表者の死亡等に起因する経営の承継に伴い事業活動の継続に支障が生じることを防止するために、代表者（後継者）に対し、必要な指導および助言を行う。

当該指導および助言に従わない場合、金融支援は直ちに打ち切られるのか。また、指導および助言が対象会社の実情に合わない場合であっても、従う義務があるのかといった問題がある。

第 2 部　経営承継円滑化法および新事業承継税制

Ⅷ 非上場株式等に係る相続税の納税猶予制度

1　概　説

(1)　新事業承継税制の目的

　事業承継の後継者が自社株式を取得する際において、遺産分割に係る相続税の負担が円滑な中小企業の事業承継における障害となってきた。そこで、政府は平成20年1月11日の閣議決定により、非上場株式等に係る相続税の納税猶予を内容とする「新事業承継税制」を創設する（平成20年1月・12月発表）。

　新事業承継税制の目的は、中小企業の事業承継を円滑に行い、中小企業の事業活動を継続させ、地域経済の活性化および雇用維持を図ることにある。そのため、新事業承継税制の適用には、雇用確保・対象株式保有・代表者の地位を5年間維持しなければならないという要件がある。

　個人の事業用宅地については課税価格の80％を減額する措置（小規模宅地等の特例）が講じられている。当該減税措置との均衡を図り、課税公平の観点から事業用資産をもたない者とのバランスを考え、納税猶予制度が設計された。新事業承継税制は、「猶予」規定であり、「減額」規定ではない。

(2)　80％に対応する相続税の納税猶予

　新事業承継税制は、事業承継相続人が、非上場会社を経営していた被相続人から相続等により、当該発行会社の株式等を取得し、会社を経営していく場合、「事業承継相続人が納付すべき相続税額のうち、相続等により取得した議決権株式等（相続等の結果、当該会社の発行済議決権株式の総数等の3分の2に達するまでの部分）に係る課税価格の80％に対応する相続税の納税が猶予される」というものである。

　すなわち、一定の雇用確保・企業継続等を要件に後継者が取得した自社株式等に係る課税価格の「80％に対応する相続税」を納税猶予する。

　ただし、納税猶予の対象は、後継者が相続等により取得した自社株式のう

VIII 非上場株式等に係る相続税の納税猶予制度

ち、相続開始前から所有する自社株式も含め、発行済議決権株式総数の「3分の2」に達するまでの部分である(9)。

(3) 実質的な納税猶予割合

「当該会社の発行済議決権株式の総数等の3分の2に達するまでの部分に係る課税価格の80％に対応する相続税の納税が猶予」されることは、最大で53％の納税猶予割合にしかならない。

　例えば、現オーナー経営者が全自社株10,000株を有していたとする。
　10,000株×(2/3)×80％＝5,333株
　5,333株÷10,000株＝約53.3％

となる。残り約46.7％の持株部分は納税猶予の対象とならない。別途、自社株式を含む事業承継策が必要となる(10)。

2　「非上場株式等に係る相続税の納税猶予」制度

(1) 適用要件の概要

新事業承継税制は、つぎの場合に適用される。

①　経済産業大臣の認定を受けていること。②　非上場の中小企業の株式等を対象とすること。③　当該株式等に係る課税価格の80％に対応する相続税を「納税猶予」すること。④　発行会社が中小企業基本法における中小企業であること。⑤　雇用確保・対象株式保有・代表者の地位を5年間維持すること、である(11)。

（9）新事業承継税は、平成21年通常国会に税法の一部改正案が提出審議され、経営承継円滑化法の施行日（平成20年10月1日）以後の相続に遡及適用される。平成20年10月以降に相続をなし、国会の法案可決前にこの適用を受けないで申告した場合であっても、訂正申告は可能である。従来、自社株に係る相続税の課税価格の10％を減額する特例措置（10％評価減特例）が設けられていた。しかし、新事業承継税制の施行に伴い、従来の10％評価減特例は廃止される。
（10）申告期限までに相続財産の遺産分割が未了の場合、全財産を法定相続分により取得したものとして申告する。分割確定後、更正請求により新事業承継税制、配偶者控除、小規模宅地等の特例適用を受けることができる。特例の適用を受けるための要件である他の相続人全員の同意を要する。
（11）新事業承継税制の適用については、相続人全員の同意を要する。申告期限までに遺産分割が未了の場合、株式の取得者が決まっていないため、当該制度の適用を受け

(2) 不適格と猶予税額の納付

事業承継相続人が相続税の法定申告期限から5年間、適用要件を満たさない場合、猶予が取り消される。その結果、猶予税額（相続税）に加え、猶予期間に応じた利子税を併せて納付しなければならない[12]。

ただし、新事業承継税制の適用を受けた自社株式を、後継者が死亡するまで継続して保有し続けた場合などには、猶予税額の納税が免除される[13]。

3 従来の税制度との比較

非上場株式等に係る相続税の軽減措置について、従来の制度と比較することにより、その特徴をより明確にする[14]。

(1) 納税猶予額

新事業承継税制は、非上場中小企業の自社株式等に係る課税価格の80％に対応する相続税を納税猶予する。すなわち、「納税猶予額＝自社株式のみを相続するとした場合の相続税額－自社株式の額の20％に相当する額の自社株式を相続するとした場合の相続税額」となる。

ることはできない。
[12] 納税猶予が取消しとなった場合、後継者は猶予税額および利子税を併せて納付しなければならないが、後継者以外の相続人の相続税額には影響を及ぼさない。
[13] 納税猶予制度の適用を受けるためには、原則として、納税猶予の対象となった株式等のすべてを担保に供しなければならない。
[14] 従来、自社株式に係る相続税の課税価格の10％を減額する特例措置（10％評価減特例）は、新事業承継税制の施行に伴い、廃止される。新事業承継税および10％評価減特例を比較すれば、以下のようになる。
　第1に、減額率の改正である。①10％評価減特例は、自社株式に係る相続税の課税価格を10％減額する。②新事業承継税制は、自社株式に係る後継者が納付すべき相続税を80％納税猶予する。
　第2に、対象会社の改正である。①10％評価減特例は、発行済株式総額20億円未満の会社を対象とする。②新事業承継税は、発行済株式総額の制限がない。
　第3に、軽減対象上限の改正である。①10％評価減特例は、相続株式につき、発行済株式総数の3分の2または評価額10億円までの部分に関し、いずれか低い額が評価減の対象となる。②新事業承継税制は、軽減対象となる株式の限度額（10億円）を撤廃した。相続株式につき、後継者への相続等の結果、発行済議決権株式総数の3分の2に達するまでの部分が納税猶予の対象となる。

従来の税制度は、自社株式等に係る課税価格の10％に対応する相続税を減額している。従来の減額措置に加え、課税価格の80％に対応する相続税を納税猶予することにより、課税負担を大幅に軽減する。

(2) 対象会社

新事業承継税制の対象は、中小企業基本法における中小企業である。新事業承継税制は東証2部上場基準か否か、かつ発行済株式総額が20億円未満か否かの株式会社に限定しない。むしろ、当該株式総額要件を撤廃し、中小企業における経営の承継に関する法律における経済産業大臣の認定を受けている一定の中小企業者を対象とする。

(3) 軽減（猶予）対象株式と上限

新事業承継税制は、軽減対象となる株式の限度額を撤廃している。従来の制度は、相続した株式のうち、①発行済株式総数の3分の2、または②評価額10億円までの部分のいずれか低い額を、軽減対象の上限としていた。

ただし、新事業承継税制においても、発行済株式総数の3分の2以下の限度を対象としている[15]。

(4) 「株式総額」制限の撤廃

自社株式に係る相続税の課税価格の10％を減額する特例措置（10％評価減特

---

[15] 新事業承継税制において、納税猶予の対象となるのは相続税だけである。贈与税については、対象外である。他方、「農地等の納税猶予」は相続税および贈与税が適用対象である。農地等の納税猶予制度は、農地等の相続について、農業経営の近代化に資するために設けられた。すなわち、民法の均分相続による農地の細分化の防止および農業後継者の育成を税制面から助成する観点から、①農地等を生前一括贈与した場合の贈与税の納税猶予の特例、②農地等を相続した場合の相続税の納税猶予の特例、がある。

　当該特例措置は、農業後継者または農業相続人が、農業経営を継続することを前提に設けられている。例えば、農業を営むAから子供Bが、Aの所有する農地全部の贈与を受けた場合、一定の要件を満たせば、贈与税額は猶予される。その後、Aが死亡したときに猶予税額は免除されることになる。生前に贈与された農地は相続財産とみなされ、Aの死亡日の価額により相続税が課税される。この際、相続税の納税猶予の特例により相続税額は猶予される。猶予された相続税額は、Bが孫Cに農地等を一括贈与した場合、またはBが死亡した場合等に免除される（本郷孔洋・木村信夫『事業承継税制のニュートレンド』（2008年、税務経理協会）61頁～62頁）。

例）は、相続株式につき、発行済株式総数の3分の2または評価額10億円までの部分に関し、いずれか低い額が評価減の対象となる。新事業承継税は、軽減対象となる株式の限度額（10億円）を撤廃している。

仮に、対象会社の発行済株式の総額が30億円としても、新事業承継税制の適用を受けることができる[16]。

4 新事業承継税制の適用要件

(1) 相続人（後継者）要件

① **事業承継相続人**　新事業承継税制の適用対象となる相続人とは、「事業承継相続人」である。相続人に関する新事業承継税制の適用要件は、以下のとおりである。

イ）承継会社の代表者であること。ロ）相続人および同族関係者で発行済議決権株式総数の50％超の株式を保有していること。かつ、ハ）相続人が同族内で筆頭株主となる場合、である[17]。

② **後継者の人数**　筆頭株主である後継者について、筆頭株主である後継者とは1人に限定されるのか。会社法は共同代表制度を廃止しているが、代表取締役の人数に制限はない。例えば、オーナー経営者Ｐの長男Ａと長女Ｂが相続等の結果、承継会社Ｘ会社株式を同数保有し、いずれも筆頭株主になり、ＡおよびＢが共に代表取締役となる場合はどうか。継続要件の要請からも、（後継の）代表者および筆頭株主は1人でないと考えられる。

そこで、仮に現オーナー経営者ＰがＸ会社で不動産業および飲食業を営むが、長男Ａに不動産業を、長女Ｂに飲食業を承継させたいと考えている場合

---

[16] 平成19年度税制改正により創設された精算課税贈与特例を利用して自社株を贈与すると、非課税枠が500万円上乗せされ3,000万円まで非課税で贈与することができる。ただし、この制度の適用対象となる会社は、発行済株式総額が20億円未満であることを要件とする。当該制度を選択すれば、小規模宅地の減額特例を受けることができなくなる（本郷孔洋・木村信夫・前掲注（15）109頁）。

[17] 相続人および同族関係者ではない役員または従業員等に株式を譲渡しても新事業承継税制は適用されない。例えば、現オーナー経営者Ａが子供Ｂに事業の承継を考えていたが、経営者としての素質がない場合、同族関係者ではない役員または従業員等に承継したとしても、新事業承継税制の適用はない。

はどうか。新事業承継税制の適用を受けさせたいのであれば、PはX会社を事業ごとに分割したうえで、Aに新Y会社、Bに新Z会社を承継させる。新Y会社および新Z会社で各要件を満たしているかを判断することになる。

③　**国内居住**　新事業承継税制において、承継会社の代表者は、日本国内に居住していることが必要と考えられる（会社法817条1項参照）。

④　**資金調達のための株式発行に係る問題点**　相続人要件では5年間、「相続人および同族関係者で発行済議決権株式総数の50％超の株式を保有し、かつ相続人が同族内で筆頭株主」であることを要する。しかし、資金調達の必要から株式の発行をする場合、議決権制限株式しか発行できなくなる可能性があるのではないか。

(2)　被相続人要件

①　**3要件**　被相続人に関する新事業承継税制の適用要件は、以下のとおりである。

イ）承継会社の代表者であったこと。ロ）被相続人および同族関係者で発行済議決権株式総数の50％超の株式を保有していること。かつ、ハ）同族内で筆頭株主であったこと、である[18]。

②　**筆頭株主であったこと**　「認定を受けた中小企業者」を経営していた被相続人は、相続開始時点まで当該会社の筆頭株主で有り続ける必要がない。「過去において」筆頭株主であればよい。

③　**非経営者の筆頭株主**　「認定を受けた中小企業者」を経営していた被相続人A（旧代表者）の遺産分割により、配偶者Bが自社株式のすべてを取得し、筆頭株主となり、長男Cが代表者として当該会社を経営していた。その後、筆頭株主である配偶者Bが死去し、長男Cが自社株式のすべてを相続した場合、配偶者Bは「会社を経営していた被相続人」に該当しない。そ

---

[18]　同族関係者の範囲が問題となる。従来の特定同族会社株式等の特例（措法69条の5）では、同族関係者とは被相続人の親族その他その被相続人と政令（措令40条の2の2第6項）で定める特別の関係がある者とされている（措法69条の5第2項七イ）。事業承継税制検討委員会の中間報告（平成19年6月29日）では、被相続人の親族の範囲（現行では6親等内の血族と3親等内の姻族）に関し、「実態を踏まえた形で適切な見直しを検討すべきと考えられる。」と明記されている。そのため、同族関係者の範囲が縮小される可能性がある。

④ **代表者であったこと**　被相続人が「代表者であった」とは、相続の発生時点まで継続して代表者であることを要しない。過去の一時点において代表者であってもよい。生前に、すでに代表者であることを辞任していてもよい。対象会社の現代表取締役が死亡し、後継者が株式を相続し、代表者に就任した場合であれば、当然に要件を満たす。

代表者とは、代表取締役として登記を要し、現実に会社の業務執行をなしていることが必要である。経営者としての実態がない場合、相続人要件を満たさないことになる。

⑤ **自社株式の分散の対処**　自社株式が承継会社の代表者一族以外の親族、従業員、その他の外部の者に分散している場合がある。上記の被相続人に関する新事業承継税制の適用要件に該当しないと、新事業承継税制の適用を受けることができない。

そこで、分散した自社株式を買い取ることにより、被相続人および同族関係者が議決権株式総数の50％超の株式を保有するように、個人または発行会社が買い取ることも必要であろう。

発行会社が自己株式を取得した場合、持株割合の算定において、分母に含めないため、承継会社の代表者一族の持株割合が高くなり、過半数保有要件を満たすことができる。ただし、自己株式の取得は、株主総会の特別決議（会社法309条2項2号）および株式の対価として交付する金銭等の帳簿価額の総額は、分配可能額の範囲内（会社法461条1項）などの規制がある。

⑥ **二次相続への適用**　新事業承継税制は、二次相続にも適用される。例えば、対象会社の現代表取締役Aは自社株式70％を有し、配偶者Bが残りの株式30％を有している。仮に、Aが死亡し、Bが代表取締役となり、さらにBの死亡後、Cが代表取締役となると仮定する。この場合、一次相続として、Bが代表取締役かつ被相続人となれば、新事業承継税制の適用を受ける。また、二次相続として、Cが代表取締役かつ被相続人となれば、新事業承継税制の適用を受ける。

⑦ **複数会社への適用**　承継会社の旧代表者が、複数の会社を経営している場合、各会社において被相続人要件、相続人要件、適用会社要件、事業継続要件を満たせば、新事業承継税制の適用を受ける。

例えば、Pは、不動産業を営むX会社および飲食業を営むY会社を経営し、Pの長男AにX会社を、長女BにY会社を承継させたいと考えている。新事業承継税制の適用を受けるには、X会社およびY会社のそれぞれにおいて、被相続人要件、相続人要件、適用会社要件、事業継続要件を満たすことを要する。

⑧ **会社分割への適用**　現オーナー経営者Pが、会社分割により、開発製造を担うX会社および営業を担うY会社を所有している。これを、長男AにX会社、長女BにY会社を継がせる場合、猶予税額は会社ごとに計算する。

(3) 対象会社要件

① **適用要件**　対象会社に関する新事業承継税制の適用要件は、以下のとおりである。

イ）経営承継円滑化法における経済産業大臣の認定を受けた中小企業であること。ロ）中小企業基本法における中小企業であること。ハ）被相続人の死亡時以降、5年間、事業を継続していること。ニ）経営承継円滑化法における経済産業大臣の認定を受けた中小企業者、である[19]。

② **問題点**　対象会社要件は、中小企業基本法における中小企業である。これは、製造業、卸売業、小売業、サービス業の分類により資本金規制および従業員数規制を設けている。過去のある時点において、資本金が当該要件を超えていれば、直ちに不可となるのではない。判定基準時期は相続開始日である。

しかし、対象会社が事業を多角化することにより、例えば、サービス業かつ小売業である場合、判定基準時期を相続開始日としても、どの資本金規制および従業員数規制が適用されるのかが問題となる。経営承継円滑化法2条および施行規則1条1項の規定が指針となる[20]。

---

[19] 特例有限会社および持分会社は、中小企業基本法上の中小企業であれば、新事業承継税制の対象となる。持分会社の場合、出資の価額は株式会社の株式の評価と同様に評価される。医療法人の出資持分については新事業承継税制の対象とならない。

[20] 中小企業基本法における中小企業の定義は、以下のとおりである。① 製造業では、資本金が3億円以下または従業員数が300人以下である。② 卸売業では、資本金が3億円以下または従業員数が100人以下である。③ 小売業では、資本金が5,000万円以下または従業員数が50人以下である。④ サービス業では、資本金が5,000万円以下また

第2部　経営承継円滑化法および新事業承継税制

③　**減資の取り扱い**　事業承継税制の対象会社として、中小企業基本法における業種ごとの中小企業区分によるが、累積赤字が積み重なり、財務体質の健全化を図るため資本金を取り崩し、債務超過を解消することがある。

例えば、P会社は精密機器の製造業であり、資本金7億円であるが、純資産は約2億円である場合、資本金を減少させ、1億円に減資した。この場合、新事業承継税制の対象会社となる。

しかし、新事業承継税制の適用を受けたいがため、相続発生日の直前に合理的理由もなく減資を行った場合、資本金要件を満たしていたとしても適用されない可能性がある。

(4)　継続要件

①　**継続の内容**　相続人要件が、新事業承継税制の適用を受けるためのスタート時における要件であるとすれば、継続要件は、対象となった相続人に新事業承継税制の恩恵を受けるために、被相続人の死亡時以降、5年間、一定の継続および維持義務を課すものである。具体的内容は、以下のとおりである。

イ）相続人が5年間継続して承継会社の代表者であること。ロ）相続人が5年間継続して、雇用の8割を維持すること。ハ）相続人が5年間継続して、相続した対象株式を保有すること、である。

一旦、納税猶予の適用を受けても、継続要件を満たさなくなった場合、納税猶予が取り消され、猶予税額を利子税と併せて納付しなければならない。

②　**5年要件の起算時期**　5年間の事業継続要件の起算日は相続税の申告期限日であり、相続税の申告期限は、「相続の開始があったことを知った日」の翌日から10ヵ月以内である。すなわち、5年間の事業継続要件の起算日は、相続税の申告期限となる。「相続の開始があったことを知った日」とは、死亡日である[21]。

③　**後継者から次の後継者への事業承継**　新事業承継税制の適用を受け

は従業員数が100人以下である。
(21) 例えば、①BはAからP会社株式を、平成X年5月31日に贈与され、P会社の代表取締役となった。②Aは平成（X＋7）年2月15日に死亡した。③相続税の申告期限日は、平成（X＋7）年12月15日である。④5年間要件の事業継続要件の起算日は、平成（X＋7）年12月15日である。

ている後継者が、事業継続要件期間後、会社代表権を次の後継者に譲った場合、納税猶予の取り消しにはならない。

　④　**問題点**　イ）雇用者の退職　継続要件において、「相続人が5年間継続して、雇用の8割維持」が求められる。しかし、やむを得ない事情により、雇用の8割を維持できないことがある。例えば、雇用者の死亡、定年退職、自己都合による退職、会社の非常事態・経営悪化によるリストラなどである。対象会社が、従業員（雇用者）の採用活動を積極的にしながら、直ちに当該要件を満たさない事例も生じるであろう。この場合、「雇用の8割維持」の算定において、分母から、これら従業員を除外できるのか。

　ロ）雇用者のいない会社　「雇用の8割以上を維持」とは、相続開始時における対象会社の雇用者の8割以上を相続税の申告期限から5年間継続して雇用を続けることであるのか。そうであるならば、相続開始時に雇用者のいない会社は要件を満たさないのか[22]。

　ハ）雇用者の属性　雇用者の属性として、使用人のみを指すのか役員も含まれるのか。使用人には正社員だけでなく、パート・タイマー従業員および派遣従業員も含めて計算されるものと想定される。なお、中小企業基本法における従業員の範囲には、正社員に準じた労働形態にあるパート・タイマー従業員は含まれ、役員は除かれる[23]。

---

(22) 例えば、相続開始日に、当該会社に家族からなる取締役2名しかおらず、従業員を雇用していない場合、取締役1名が死亡または退任すれば、納税猶予が取り消される。しかし、このような会社の株式評価額は概して高いものではなく、生前贈与等で対処が可能であろう。

(23) 従業員には、代表取締役、理事長、使用人兼務役員とされない役員、副社長、専務取締役・専務理事、常務取締役・常務理事、清算人その他これらの者に準ずる役員、監査役・監事は含まれない。

　従業員数は、直前期末以前1年間においてその期間継続してその会社に勤務していた従業員（就業規則等で定められた1週間当たりの労働時間が30時間未満である従業員を除く。以下「継続勤務従業員」という。）の数に、直前期末以前1年間においてその会社に勤務していた従業員（継続勤務従業員を除く）のその1年間における労働時間の合計時間数を従業員1人当たり年間平均労働時間数で除して求めた数を、加算した数とする。この場合における、従業員1人当たり年間平均労働時間数は、1,800時間とする。

　直前期末以前1年間の継続勤務従業員の数＋（勤続勤務従業員以外の従業員の直前期末以前1年間における労働時間の合計時間数）÷1,800時間、である（平川忠雄＝中

第2部　経営承継円滑化法および新事業承継税制

ニ）対象株式の保有　相続人が5年間継続して、相続した対象株式を保有することが要件であるが、相続した対象株式を全て保有することを要するのか。

(5) 対象株式要件

① **議決権株式**　事業承継相続人が相続等により取得した議決権株式であり、かつ非上場株式である。無議決権株式は適用外である。新事業承継税制の適用を受ける場合、発行済議決権株式総数の分母から、無議決権株式を除外して計算しなければならない。

また、「相続開始前から既に保有していた」ことが要件であり、精算課税贈与の選択により、生前に株式等が後継者に贈与されているものも対象株式となると考えられる[24]。

② **3分の2の上限**　新事業承継税制の対象株式は、「後継者が相続等により取得した議決権株式のうち、相続開始前から既に保有していた分も含めて発行済議決権株式総数の3分の2に達するまでの部分」である。

当該会社の発行済議決権株式の総数等の3分の2に達するまでの部分が、納税猶予の対象となる。後継者がすでに所有している株式については対象とならない。

「3分の2」の意義は、特別決議の保有割合である。そのことにより、会社に対する一定の支配権を有するといえる。当該部分までの納税猶予を認めれば、事業承継が可能と考えるのである[25]。

島孝一・前掲注（8）94頁）。

なお、法人税法は適格組織再編に該当するために「組織再編直前の従業者のおおむね8割以上の引継ぎ」要件を以下のように定める（法人税基本通達1-4-4）。①役員、使用人その他の者で、組織再編の直前において当該事業に現に従事する者をいうものとする。②日々雇い入れられる者で、日払いの方法により給与を受ける者は従業者の数から除く。③出向者であっても、当該事業に現に従事する者は従業者に含む。④下請先の従業員が自己の工場内で当該業務に継続的に従事している場合、その者は従業者に含まない。

(24) 対象株式は、国内株式を前提としていると考えられる。例えば、Pはイタリアでアパレル会社を経営しているが、相続人QはPが経営する外国法人の株式について、新事業承継税制の適用を受けることはできないと考えられる。対象となる会社の本店または主たる事務所について、経済産業大臣の確認がとれないからである。

③　**残余株式の譲渡**　　上記②で示したように、新事業承継税制の対象株式は発行済議決権株式等の3分の2までであり、残余株式は納税猶予について影響はなく、譲渡が可能である[26]。

④　**株券の発行**　　新事業承継税制の適用を受ける場合、株式を担保提供するため、株券を発行しなければならない。適用株式の譲渡等の異動を厳格に管理するためである。当該株券については、登記を要する。

(6) 経済産業大臣のチェック

①　**対　象**　　新事業承継税制の適用を受けるためには、前記の相続人要件、被相続人要件、対象会社要件、継続要件につき経済産業大臣のチェックを受ける必要がある。

②　**問題点**　　経済産業大臣のチェックは毎年、厳格になされると業務が滞る可能性がある。さらに、当該制度の適用会社には、経済産業大臣のチェックに対処する専門部署がない場合が多い。そこで、経済産業大臣のチェックは一定の形式要件を満たしている場合、「適格」となるのか。

(7) 相続時精算課税制度との関係

①　**相続時精算課税制度**　　相続時精算課税制度（平成15年1月1日創設）は、親から子へ生前に財産を贈与した場合に2,500万円までは非課税とし、2,500万円を超えた場合、超過分の20％を贈与税として納付するものである。

---

[25] 例えば、会社経営者Aが死亡し、子息Bが当該会社の株式を100％相続した場合、発行済議決権株式総数の3分の2までが納税猶予対象となる。上限となる株式には、後継者BがすでにAから贈与または譲渡により取得した株式を含める。そのため、仮にBはAから150,000株のうち50,000株の株式を贈与により取得しており、Aが死亡してBが株式を相続すれば、追加的に50,000株（3分の1）だけが納税猶予対象となる。

[26] 相続後に発行会社に自社株式を譲渡した場合の税務上の取り扱いとして、つぎのことがいえる。①相続等により取得した自社株式を、②納付すべき相続税額がある人が、③相続税の申告期限から3年以内に発行会社に譲渡した場合には、みなし配当課税（最高税率50％）に代え、譲渡所得課税（20％）として取り扱われる。相続により取得した株式等を相続税の申告期限から3年以内に譲渡した場合、相続税額のうち譲渡した株式等に対応する金額をその譲渡した株式の譲渡所得の計算上、取得価額に加算することができる。相続後の対象会社（発行会社）への売却は有利であり、納税資金の確保になる（本郷孔洋・木村信夫・前掲注(15)120頁）。

ただし、贈与者が死亡した場合、相続財産はこの制度の適用を受けた贈与財産を合算して相続税を計算する。また、支払った贈与税があれば相続税から控除し、贈与税の方が相続税より多い場合は還付される。

② **内　容**　相続時精算課税制度の具体的内容は、以下のとおりである。

第1に、適用対象者につき、贈与者が満65歳以上の親、受贈者が満20歳以上の子（養子を含む）であること。

第2に、非課税枠が2,500万円であること。

第3に、贈与税の計算方法として、贈与を受けた財産の価額の累計額が非課税枠を超えた場合、超える部分の金額について一律20％が課税されること。

第4に、相続税の計算方法は、贈与をした親に相続が発生した場合、相続時精算課税制度を利用して贈与をした財産のすべてが贈与時の価額で遺産に持ち戻される。そして、既に納入済みの贈与税は、前払いとして相続税額から差し引くこと、である。

③ **特定同族株式等の贈与を受けた場合の特例**　相続時精算課税制度に係る特定同族株式等の贈与を受けた場合の特例がある。当該規定は、60歳以上の親から一定の株式等の贈与を受けた場合、所定の要件を満たすことにより、相続時精算課税制度の適用を受けることができる。

そして、相続時精算課税制度における2,500万円の特別控除に加え、500万円の特別控除（計3,000万円）を受けることができる。

当該特例を選択した後、同一贈与者からの贈与財産は、暦年課税制度を受けることができず、すべて相続時精算課税制度の適用を受けて、相続時に相続財産に合算される[27]。

④ **新事業承継税制との関係**　特定同族株式等の生前贈与の相続時精算課税制度の適用を受けた特定同族株式等についても、新事業承継税制の適用を受けることができるのかが問題となる。

仮に連結適用があるとすれば、特定同族株式等についての相続時精算課税制度の要件（とりわけ、贈与者の年齢制限等）を緩和する必要があるのではない

---

(27) 佐藤清次・奥山雅治・渡辺輝男『平成20年改正版不動産税額ハンドブック』（2008年、にじゅういち出版）154頁以下。

か。

　相続時精算課税制度を選択し贈与を受けた財産は、相続時に相続財産に持ち戻されて相続税を計算する。相続時に持ち戻す贈与財産の価額は、相続時の価額ではなく贈与時の価額になる。

5　猶予税額の免除

　新事業承継税制では、つぎの場合、猶予税額が免除される。

(1)　対象株式を死亡時まで保有

　事業承継相続人が、納税猶予の対象となった株式等を、死亡の時まで保有し続けた場合など、「一定の場合」には猶予税額が免除される。

　この場合、事業承継相続人の死亡により、「(事業承継相続人の) 親の相続税」につき、猶予税額は免除される。しかし、事業承継相続人の死亡により「(事業承継相続人)本人の相続税」の納税義務が、孫世代に生じる。次の後継者である孫が、新たに新事業承継税制の適用対象となる[28]。

(2)　株式等の無価値化

　事業承継した会社が、倒産等により株式等が無価値化した場合、猶予税額が免除される。

6　5年経過後の納税猶予対象の株式譲渡

(1)　原　　則

　①　**対象株式等の譲渡**　事業承継相続人は、相続税の法定申告期限から5年の期間経過後に、納税猶予の対象株式等を譲渡等した場合、その時点で納税猶予の対象となった株式の総数等に対する譲渡株式の総数等の割合に応じた猶予税額を納付しなければならない（新事業承継税制財務省大綱(5)）。

---

[28] 相続税に関する納税猶予制度として、「農地等の相続税の納税猶予」がある。当該納税猶予制度では、農業相続人（子）が死亡した場合、猶予税額が免除される。また、三大都市にある生産緑地を除き、「相続税の申告期限から20年経過したとき」には猶予された相続税額が免除される（本郷孔洋・木村信夫・前掲注(15) 75頁）。

計算式は、猶予税額の納付額＝猶予税額×分母のうち譲渡株式の総数等÷納税猶予の対象となった株式の総数等、である。

② **猶予税額の納付額**　猶予税額の納付額は、納税猶予の対象となった株式の総数等のうちに占める譲渡株式の総数等の割合に応じて計算する。

(2) 例　　外

① **事業承継相続人の死亡**　事業承継相続人が死亡した場合、猶予は停止しない。

② **譲渡時に株価が下落している場合**　5年間の事業継続要件を満たした後、対象株式を譲渡するが、相続時と比較して株価が著しく下落した場合、価値下落額に応じて計算される。計算式は、納付税額＝猶予税額×（分母のうち譲渡株式の総額／納税猶予の対象となった株式の総額）、である。利子税が付加されるが、利子税は、相続税の法定申告期限を基準とする。

7　経営承継円滑化法および他の特例との関係

(1) 適用の場面

事業承継の経営承継円滑化法は、「贈与」を行った場合における遺留分の特例措置である。他方、新事業承継税制は、「相続」を行った場合における相続税の特例措置である。株式の贈与を行い、贈与税を納めた場合、新事業承継税制の対象外となる。

すなわち、経営承継円滑化法は、会社の非後継者が後継者に対する遺留分の減殺請求をなすことにより、当該会社の経営が不安定となることを防止する意図である。すなわち、後継者が、他の遺留分権利者との除外合意および固定合意し、経済産業大臣による確認および家庭裁判所の許可を受け、事業承継会社の対象株式の生前贈与を円滑に行わせる。

それに対し、新事業承継税制は、被相続人要件、相続人要件、適用会社要件、事業継続要件を満たすことにより、後継者が相続税の納税猶予を受けることができ、一定の場合、納税免除となる[29]。

---

(29) 他の特例措置との関係について、概観する。
　　第1に、他の特例措置と選択適用となる場合として、従来の小規模宅地等の減額特例および自社株の10％減額特例を考慮した限度額まで、相続税の課税価格のうち一定

(2) 死因贈与の場合

前記の原則に照らし、生前贈与ではなく、「死因贈与」にすれば、経営承継円滑化法にいう「贈与」に該当し、かつ財産権の移転は死亡時であるため、税法上、相続税の対象となる。そのため、経営承継円滑化法および納税猶予制度の両制度を受けることができるのではないか。

(3) 適用対象者の相違

経営承継円滑化法および新事業承継税制は、適用対象者に相違がある。経営承継円滑化法における後継者は、旧経営者の配偶者および子が対象であり、旧経営者の兄弟姉妹等は対象外である。

他方、新事業承継税制における後継者は、旧経営者の親族である。親族とは配偶者、6親等以内の血族および3親等以内の姻族をいう。旧経営者の兄弟姉妹および娘婿等を含むことになる。相続人でない兄弟姉妹または娘婿などは、死因贈与または遺言といった方法により納税猶予制度の適用を受けることができるであろう[30]。

　額を減額することができる。例えば、Xの死亡により、居住用宅地を取得した配偶者A、賃貸用不動産を取得した子供B、10%減額特例の適用株式を相続した子供Cがいる場合、誰がどれだけ特例を受けるかを決める必要がある。新事業承継税制は、小規模宅地等の減額との併用は難しく、これら財産を取得した相続人全員の同意を要する。

　第2に、他の特例措置とは関係なく適用できる場合として、農地等の納税猶予制度がある。当該制度では、相続税の課税方式が遺産取得課税方式に変わる予定であり、株式を取得した後継者以外の相続人の税額に影響を及ぼさない。遺産分割協議が成立すれば、他の相続人の同意を要しない（本郷孔洋・木村信夫・前掲注 (15) 71頁）。

(30) 平成14年税法改正により、中小同族会社等の事業承継の円滑化に資するための税制として、『特定事業用資産についての相続税の課税価格の計算の特例』（措法69条の5）の規定が創設された。平成15年および平成16年税法改正により、取扱いが拡充（通用要件の緩和、適用限度額の引上げ）された。

　これは、被相続人の相続財産である一定の財産（同族会社の株式等、立木（立木の育成する土地等を含む））について、その処分等に相当の制約があることを配慮して、相続税の課税価格に算入すべき金額は、当該一定の財産（特定事業用資産）の価額に、当該特定事業用資産の区分（特定同族会社株式等または特定森林施業計画対象山林）の区分に応じて定められている一定の割合を乗じて計算した金額である。

　特定事業用資産の区分として、①特定同族会社株式等、②特定森林施業計画対象山林、③特定受贈同族会社株式制、④特定受贈森林施業計画対象山林がある。特定

8 納税猶予税額の具体的算定

新事業承継税制に基づき、後継者が負う納付税額および納税猶予税額をケース・スタディにより具体的に算定する[31]。

(1) 原　則

① 後継者が相続等により取得した財産（納税猶予の対象となる株式等を含む）に係る相続税額　→A
② 納税猶予の対象となる株式等のみを相続した場合の相続税額　→B
③ 株式等の金額20％に相当する金額の株式等のみを相続した場合の相続税額　→C

　イ）納税猶予額：D＝B－C
　ロ）納税額＝A－D

(2) 相続財産の自社株式が発行済議決権株式総数の3分の2以下

事例として、相続人が後継者1人であり、相続財産の自社株式が発行済議決権株式総数の3分の2以下であるとする。

そのため、自社株式のすべてが納税猶予の対象となる。新事業承継税制における「自社株式に係る80％の納税猶予」とは、発行済議決権株式総数の3分の2以下の株式を対象とする。

納税猶予額は相続税額に対し、超過累進税率を前提にして計算されるのであれば、「発行済議決権株式総数の3分の2以下」は重要である。

① 前提条件

　相続人　　　　　　1人（後継者）
　相続財産　　　　　4億6,000万円
　自社株式の評価額　3億6,000万円
　発行済議決権株式総数の3分の2以下

事業用資産の相続税の課税特例制度と小規模宅地等の相続税の課税特例制度の併用適用は、平成15年および平成16年税法改正により、一定の範囲内（適用限度上限面積（価額）の範囲内）において容認されている。
(31) 平川忠雄＝中島孝一・前掲注（8）87頁〜91頁を参照。

② 相続税額の計算（A）

　　　　　　　　　（相続財産）　（基礎控除）
　　イ）課税価格　　4億6,000万円－6,000万円＝4億円
　　　　　　　　（課税価格）（税率）
　　ロ）相続税額　　4億円×50％－4,700万円＝1億5,300万円（A）

③ 納税猶予対象株式のみの相続税額（B）

　　　　　　　　　（相続財産）　（基礎控除）
　　イ）課税価格　　3億6,000万円－6,000万円＝3億円
　　　　　　　　（課税価格）（税率）
　　ロ）相続税額　　3億円×40％－1,700万円＝1億0,300万円（B）

④ 「③の20％相当額」のみの相続税額（C）
　　イ）課税価格　　3億6,000万円×20％＝7,200万円
　　　　　　（20％相当額）　（基礎控除）
　　　　　　　7,200万円－6,000万円＝1,200万円
　　　　　　　　　　　　（課税価格）　（税率）
　　ロ）相続税額　1,200万円×15％－50万円＝130万円（C）

⑤ 納税猶予額（D）

　1億0,300万円（B）－130万円（C）＝1億0,170万円
　※　相続財産に占める自社株式の80％相当額の割合
　　　（3億6,000万円×80％）÷4億6,000万円＝62.6％
　※　相続税額に占める納税猶予額の占める割合
　　　1億0,170万円（D）÷1億5,300万円（A）＝66.4％

(3) 相続財産の自社株式が発行済議決権株式総数のすべて

① 前提条件

　相続人　　　　　　　1人（後継者）
　相続財産　　　　　　4億6,000万円
　自社株式の評価額　　3億6,000万円
　発行済議決権株式総数のすべて

第 2 部　経営承継円滑化法および新事業承継税制

② 相続税額の計算（A）

　　　　　　　　　　　（相続財産）　（基礎控除）
　　イ）課税価格　4 億6,000万円 − 6,000万円 = 4 億円
　　　　　　　　　（課税価格）（税率）
　　ロ）相続税額　4 億円 × 50％ − 4,700万円 = 1 億5,300万円（A）

③ 納税猶予対象株式のみの相続税額（B）

　　　　　　　　　　　（自社株式）
　　イ）課税価格　3 億6,000万円 × 2/3 = 2 億4,000万円
　　　　　　　（自社株式の 3 分の 2）　（基礎控除）
　　　　　　　2 億4,000万円 − 6,000万円 = 1 億8,000万円
　　　　　　　　　　　（課税価格）　　（税率）
　　ロ）相続税額　1 億8,000万円 × 40％ − 1,700万円 = 5,500万円（B）

④ 「③の20％相当額」のみの相続税額（C）

　　イ）課税価格　2 億4,000万円 × 20％ = 4,800万円
　　　　　　　　（20％相当額）　（基礎控除）
　　　　　　　　4,800万円 − 6,000万円 = 0 円
　　ロ）相続税額　0 万円（C）

⑤ 納税猶予額（D）

　　5,500万円（B） − 0 万円（C） = 5,500万円（D）

※ 相続財産に占める自社株式の80％相当額の割合
　（3 億6,000万円 × 2/3 × 80％）÷ 4 億6,000万円 = 41.7％

※ 相続税額に占める納税猶予額の占める割合
　5,500万円（D）÷ 1 億5,300万円（A）= 35.9％

9　租税回避行為防止策

(1) 概　説

　新事業承継税制において、個人資産の管理等を行う法人の利用等による租税回避行為を防止する措置が講じられる（新事業承継税制財務省大綱(8)）。
　新事業承継税制の創設に照らし、制度の創設前または創設後に中小企業経

営者は、従来の事業承継税制（小規模宅地等の特例）と比較し、新事業承継税制を適用したほうが有利であると判断すれば、不動産等の個人資産を法人名義に移転することが推測される。そこで、租税回避行為防止策が講ぜられる。

(2) 持株会社

持株会社を経由して事業会社の株式を保有している場合、新事業承継税制の適用となるのか。持株会社が新事業承継税制の適用対象会社になるためには、つぎの要素が検討される。

持株会社が単に個人資産管理会社または投資目的会社ではなく、持株会社がグループ企業の営業指導および経理等を行い、持株会社と事業会社が総合的に事業を営み、持株会社と事業会社に事業関連性があることである。

(3) 不動産管理会社

新事業承継税制は、個人の資産管理会社に対し適用対象外である。例えば、相続税対策で設立された親族が経営する個人不動産管理会社がそうである。しかし、不動産管理会社であっても、一定数の他人従業員を雇用し、ビル・メンテナンスを担当する専門部署を有するなど、事業としての形があれば適用可能となる。なお、土地を現物出資して取得した株式であっても、新事業承継税制の適用は可能である。

10　納税猶予の取消し

(1) 取消しの要件

新事業承継税制の適用を受けた後、以下の事由が生じた場合、納税猶予は取り消され、相続人は相続税を納める必要がある。① 相続開始後、5年以内に後継者が代表者でなくなる場合、② 相続開始後、5年間雇用の8割以上を維持できなくなった場合、③ 相続した対象株式を譲渡した場合、などである。

事業継続要件を満たさず納税猶予が取り消された場合、相続人は相続税に係る納税猶予額の全額および利子税を納める必要がある。延納の適用は認められないと考えられる[32]。

---

(32) 例えば、新事業承継税制の適用を受けているが、3年後、承継した事業が経常不

(2) 利子税

新事業承継税制の適用要件を満たさない場合、支払うべき納税猶予額に係る利子税とは、納税猶予期間における利息に相当するものである。利子税は、申告期限の翌日から納税猶予期限の日までに応じて課され、年6.6％の利率である。

ただし、前年の11月30日の公定歩合の割合に年4％を加算した割合が年7.3％に満たない場合、その年中においては、以下の算式により計算した割合（0.1％未満の端数切り捨て）を適用することになる。

6.6％×(前年の11月30日の公定歩合+4.0％)÷7.3％

例えば、猶予されている相続税が1億円、利子税の利率が4.2％、猶予期間が5年であると仮定すれば、利子税額は1億円×4.2％×5年=2,100万円となる。相続人は、納税猶予額および利子税を併せて一括納付が求められる。

(3) 納税資金の確保

納税猶予が取り消された場合、相続人は自社株式を売却するなどして納税資金を確保することが問題となる。納税猶予の取消事由である代表取締役の退任理由が、対象会社の業績悪化が理由であれば、自社株式の評価額が下がっていると考えられる。そこで、自社株式の価値が著しく下落した場合、納税猶予額は、納税資金を確保するために、他者に譲渡する時点の価値を基礎とした猶予税額の計算がされるような救済措置が考えられる。

(4) 後継者候補に対する対象株式の贈与

代表取締役が、新事業承継税制の対象株式を、後継者候補である自身の子息に贈与した場合、納税猶予は取り消されてしまうのかが問題となる。

第1に、円滑な事業承継の観点から、当該贈与を行ったとしても、納税猶予の取消対象とはならないと考えられる。

第2に、代表取締役が、新事業承継税制の対象株式を次期後継者に売却した場合、納税猶予は取り消しとなる[33]。

振となり、代表取締役を辞任した場合、納税猶予は取り消しとなり、猶予税額の全額および利子税を納付しなければならない。しかし、新事業承継税制の適用を受けた後継者が死亡、事故または病気等により経営を行うことが困難になった場合、5年間の事業継続要件に例外が設けられる。

第3に、代表取締役が、新事業承継税制の対象株式を後継者候補に贈与したが、後継者候補が後継者にならなかった場合、納税猶予は取り消しとなる[34]。

　第4に、代表取締役が、次期後継者候補以外に新事業承継税制の対象株式を贈与した場合、納税猶予が取り消される。後継者に一定基準を設け、基準に該当しない者に対する贈与については、贈与であっても納税猶予の取消事由に該当する。

(5) 他者に対する対象株式の譲渡

　① 概　説　　後継者となった代表取締役が、新事業承継税制の対象株式を、相続開始日から5年経過後に他者（従業員持株会を含む）に譲渡した場合、譲渡した株式分につき納税猶予が取り消される。株式保有継続要件は、納税猶予を受けた後継者の死亡まで強制されるからである。納税猶予が取り消されると、猶予税額および利子税の支払いを要する。

　従業員持株会の創設または取引先との関係強化の業務提携などから、または同業他社との業務提携の一環として、自社株式を第三者に保有してもらう場合がある。新事業承継税制の対象株式を譲渡した場合、納税猶予の全部または一部が取り消される。

　② 納税猶予の取消区分　　新事業承継税制の対象株式を売却した場合、つぎの区分に応じて納税猶予の取り消しがなされる。第1に、相続税の申告期限から5年以内に売却した場合、自社株式の一部譲渡であっても、納税猶予は全部取り消しとなり、納税猶予額の全額納付を要する。第2に、相続税の申告期限から5年を超えて売却した場合、譲渡した自社株式の割合に応じた納税猶予が部分取り消しとなり、納税猶予額の一部納付を要する。

---

(33) 後継者に対する贈与または売却は、無償の譲渡か有償の譲渡かの違いである。しかし、株式保有要件で株式を譲渡等した場合、譲渡等した株式に相当する納税猶予を取り消すと規定されている。後継者に売却したとしても、納税猶予の取消事由に該当する。

(34) 後継者候補が代表取締役にならないことが確定した時点で、後継者候補に贈与した対象株式に係る納税猶予が取り消される。その結果、猶予税額および利子税を納税しなければならない。

(6) 対象会社の合併

　新事業承継税制の適用会社が、5年間の事業継続中に他社と合併した場合、組織再編後においても継続要件を実質的に満たしているか否かで、納税猶予の取り消しが検討される。すなわち、①対象株式を合併により譲渡した場合であること。②従業員の雇用が8割以上、維持されていること。③合併後、後継者は相続開始日から5年間、代表者の地位にいること、という各要件を満たしていなければならない。

第3部　種類株式および新株予約権の活用

Ⅰ 問題点の所在

　会社法において、種類株式に関する規定が見直され、事業承継の局面で活用できる手法が大幅に拡充された。例えば、① 非公開会社では、議決権制限株式の発行限度が撤廃された。② 同じく、非公開会社では、議決権・配当等について株主ごとの異なる取扱いが可能である。③ 一部株式のみに譲渡制限を行うことが可能であり、拒否権付種類株式（黄金株）を活用できる、などである。これらの手法は、株式の分散による議決権拡散防止が期待されている。

　当該手法にも、メリットおよびデメリットがあり、これらの手法を中小企業の実務に浸透させていくためには、実際に活用するにあたり、手続および運用方法等を明確化する努力が必要である。

　事業承継に活用できる種類株式としては、議決権制限株式、譲渡制限株式、配当優先株式、拒否権付種類株式、属人的種類株式、取得条項付株式、取得請求権付株式、全部取得条項付株式、役員選任権付株式、がある。

　そこで、事業承継において、各種類株式のメリットおよびデメリットを検討する。結論は、実務上利用価値が高いのは、議決権制限株式の活用と考えられる[35]。

---

(35) 事業承継協議会「事業承継ガイドライン」（平成19年1月）、同「事業承継関連会社法制等検討委中間報告」（平成18年6月）。都井清史『中小企業のための種類株式の活用法』（2008年、金融財政事情研究会）42頁以下。河合保弘・LLP経営360°『「種類株式プラスα」徹底活用法』（2007年、ダイヤモンド社）2頁〜37頁。

第3部　種類株式および新株予約権の活用

Ⅱ　種類株式の比較検討

1　議決権制限株式

(1) 概　要

　議決権制限株式とは、株主総会において議決権を行使することができる事項について、他の株式とは異なる定めを置く株式である（会社法（以下、「法」という。）108条1項3号）。議決権制限の内容について、議決権が全くない完全無議決権株式、および一部の事項について議決権をもたない狭義の議決権制限株式がある。

　議決権制限株式であっても、少数株主権である帳簿閲覧請求権（法433条）、取締役の解任請求権（法854条、479条）の権利行使は可能である。議決権制限株式の発行につき、非公開会社では、公開会社と異なり、発行済株式総数の2分の1までという発行制限はない（法115条）。

　議決権制限株式の利用は、後継者への議決権集中度合が高く、定款変更も株主総会の特別決議で可能であり、使い勝手がよい。後継者の相続税対策として、従業員持株会を設立し、株主割当による増資を行う。その際に、議決権制限株式を発行することも考えられる。実務で活用する上では、株式評価の算定が問題となる。

(2) 完全無議決権株式の例外

　議決権制限株式のうちの完全無議決権株式においても、会社法の別段の定めにおいて、一定の事項について議決権が与えられている。
① 　株式交換、株式移転、新設分割、吸収分割、合併により株主に新たに株式譲渡制限の拘束が生じる場合。
② 　合併により株主が持分会社の社員となる場合または人的分割により分割会社の株主が持分会社の社員になる場合。
③ 　定款に株式譲渡制限の定めを設ける場合。

④　株式会社から持分会社に組織を変更する場合。

(3) **議決権制限の多様性**

定款に定めることにより、多様な議決権復活の条件を定めることができ、永久に議決権のない株式を発行することも可能である。

反面、完全無議決権株式の場合を除き、株主総会決議事項のうち、どの事項について議決権があり、どの事項について議決権がないかが明らかになるような定款の定めが必要である。例えば、議決権を有することを原則とし、議決権のない決議事項を列挙する。または、議決権を有しないことを原則として、議決権が与えられる決議事項を列挙する。

(4) **利　用　例**

①　**後継者への経営権の集中**　　相続に先立って議決権制限株式を発行し、後継者には普通株式を、その他の相続人には議決権制限株式（例えば、無議決権配当優先株式など）を取得させる。後継者以外の相続人の遺留分等の権利に配慮し、後継者に経営権を集中する。すなわち、議決権制限株式を利用すれば、株式所有が分散しても、議決権は分散させないことが可能となる[36]。

例えば、普通株式1株以外はすべて議決権制限株式とし、後継者には普通株式1株を、後継者以外の相続人には議決権制限株式を相続させる。相続人間における利益の調整を図るため、議決権制限株式について取得請求権をつけ、かつ配当優先株式とする。

②　**合弁会社での活用**　　合弁会社の設立時に、出資比率に関係なく議決権割合を同等とするまたは変更するため、議決権を調整する手段として議決権制限株式を使うことができる。例えば、A会社の出資割合が高い場合、一部株式を議決権制限株式にする。他のB会社、C会社と同じ議決権または調整をすることができる。

(5) **発　行　方　法**

①　**新規発行**　　イ）原則　　会社法は、異なる権利内容を有する株式の内容および数を定款の記載事項としている。当該定款の記載がない場合、議決権制限株式の新規発行は、株主総会の特別決議により、発行可能種類株式

---

[36] 高橋眞・村上幸隆編・前掲注（2）277頁。

第3部　種類株式および新株予約権の活用

総数、株主総会において議決権を行使することができる事項、議決権の行使条件を定めるときは、その条件を決議する。これらは定款に定めなければならない。（法108条1項3号・2項3号）。

当該内容は登記を要する。第三者が議決権の制限状況を知ることができるためである。

ロ）発行限度　　公開会社では、議決権制限株式は発行済株式総数の2分の1までである（法115条）。他方、非公開会社では、当該発行限度はなく、各会社の戦略により発行数を自由に決めることができる。

ハ）配当優先株式でない無議決権株式の発行可　　無議決権の普通株式が認められる。配当の優先性との関係を切り離し、議決権を行使できない株式を発行できる。優先配当が行われない場合には、議決権が復活するものとされていた旧商法上の規定が廃止された。

ニ）新規発行の問題点　　事業承継において、例えば、予めオーナー経営者である現代表取締役に議決権制限株式を発行する。そして、後継者以外の相続人には、議決権制限株式を相続させる。しかし、当該発行は第三者割当増資であり、資金上の負担がかかる。また、特定の者への新株発行に該当し、1株当りの発行価格が適正な時価である必要がある。

②　**非公開会社の場合**　　非公開会社は、所有と経営が実質的に未分離であり、持株比率について既存株主は利害を有することが多い。そのため、募集株式の発行には株主総会の特別決議を要する（法199条1項・2項、200条1項、309条2項5号）。不公正発行に関係する問題となるためである。

また、株主総会の決議を経たうえでないと、株式の募集事項の決定を、取締役会に委任することができない（法200条1項）。

③　**公開会社**　　イ）募集株式の発行　　公開会社では、既存株主は、持株比率の維持に対する期待は低く、資金調達の便宜を重視する観点から、発行可能株式総数の範囲内（授権資本制度）で、取締役会の決議により、株主以外の者に対し募集株式の発行が可能である（法201条1項）。なお、有利発行の場合、株主総会の特別決議を要する（法199条3項）。詳細は後述する。

ロ）公告・通知　　公開会社は、募集株式の発行に係る募集事項を定めたときは、株主に対し、差止請求権を行使する機会を与えるため、公告・通知をしなければならない（法201条3項・4項）。なお、非公開会社では、株主総

会の決議で株式が発行される。そのため、株主への通知・公告は行われない。

　④　**種類株式発行会社**　公開会社か非公開会社かにかかわらず、種類株式発行会社において譲渡制限株式を発行する場合、当該譲渡制限株式の持株比率の変動に関心を有する種類株主の保護のため、当該譲渡制限株式の既存株主による種類株主総会の決議を要する（法199条4項、200条4項）。

　⑤　**議決権制限株式の無償割当て**　既存の全株主に無償で議決権制限株式を割り当てる方法は、資金負担はなく、少数株主がいたとしてもその利益を侵害しない。そのため、比較的容易に実行できる。

(6) 普通株式を議決権制限株式に転換

　①　**決議事項**　既発行の普通株式を議決権制限株式に転換することは、可能である。議決権制限株式の内容、および発行可能株式総数を定款記載事項とし、定款変更のための株主総会の特別決議を要する（法309条2項11号）。

　既存株式の内容を変更することになるため、資金的な負担はない。しかし、既存株主の同意が得られるかが問題である。オーナー経営者である現代表取締役と対立するような少数株主がいない場合、または1人会社の場合、実効性が高い。

　②　**手続き**　既存株主が所有する普通株式を、議決権制限株式に変更する具体的手続きは、つぎのようになる。①株主総会の特別決議（法309条2項11号）、②定款変更（法108条2項、466条、309条2項11号）、③株式発行に係る募集事項の決定、④取締役会による募集事項の決定、⑤募集株式の申込み・割当て、⑥募集株式の引受け、出資の履行、⑦必要事項の登記、である。

　すでに種類株式を発行しており、その種類株主に損害を及ぼすおそれがある場合、種類株主総会の特別決議（法322条1項1号、324条2項3号）を要する。

　ただし、中小会社においては、株主数が少ないのが通常であり、株主全員の同意による手続きも可能であろう。

　③　**必要な書類**　既発行の普通株式を議決権制限株式に転換する場合、手続きには以下の書類を要する。①定款変更を議題とする株主総会招集に係る「取締役会議事録」、②株主総会の「招集通知書」、③定款変更に係る「株主総会議事録」、④普通株式を議決権制限株式に変更する「申込書」、⑤株式転換を議題とする株主総会招集に係る「取締役会議事録」、⑥株式転換

に係る「株主総会議事録」、⑦他の株主全員の「同意書」、⑧普通株式を優先株式・議決権制限株式に変更する「承諾書」、である。

(7) 定款の記載例

定款の定めの記載は、例えば、以下のようになる。

（発行可能株式総数）

第○条　当会社の発行可能株式総数は、ＸＸＸ株とする。

（株式の種類等）

第○条　当会社が発行する株式の種類とそれぞれの発行可能株式数及び内容はつぎのとおりとする。ただし、議決権以外の内容は、本定款に定める場合を除き、すべての株式につき同一とする。

1　普通株式　ＸＸＸ株

　　株主総会においてすべての事項につき議決権があるものとする。

2　完全無議決権付甲種類株式　ＸＸＸ株

　　○○種類株主は、法令に別段の定めがある場合を除き、株主総会において議決権を有しない。

3　議決権制限付甲種類株式　ＸＸＸ株

　　○○種類株主は、当会社の株主総会において議決権を有する。但し、以下の各号に定める決議事項については議決権を有しないものとする。

（剰余金配当の優先）

第○条　甲種配当優先議決権制限株式は、ＸＸＸ株とする。

1　当会社が剰余金を配当する場合、他の種類株式に優先し、1株あたりＸ円の配当を受ける。ただし、剰余金が当該配当額総額に満たないときは、剰余金を甲種配当優先議決権制限株式の発行済株式数で除した額を配当する。当該配当後、剰余金があり当会社が他の種類株式に対して配当をするときは、他の種類株式と同一の配当を受けられるものとする。

2　当会社が残余財産を分配するときは、他の種類株式に優先して1株あたり○○円の分配を受けるものとする。ただし、残余財産が当該分配額総額に満たないときは、残余財産を甲種配当優先議決権制限株式の発行済株式数で除した額を分配する。当該分配後なお残余財産があるときは、他の種類株式と同一の割合による残余財産の分配を受けるものとする。

3　株主総会においてすべての事項につき、議決権はないものとする。
4　会社法第322条第1項の規定による甲種配当優先議決権制限株式の種類株主総会の決議は要しないものとする。

(8) 定款記載の問題点

　議決権制限株式のうち完全無議決権株式を発行し、かつ議決権が永久に復活しない株式とすることも定款に規定すればできる。したがって、このような株式については剰余金の配当が行われなくても議決権は復活しない。しかし、税務上、1株当たりの株式評価額を計算する場合、発行済株式総数に含めるべきか、否かという事実認定の問題が生じる。

　また、定款記載例として、「当会社は、優先株式を有する株主に対し、普通株式を有する株主に先立ち、優先株式1株につき年100円を上限として、発行に際して取締役会の決議で定める額の配当金を支払う。」とする。

　すなわち、種類株式の内容のうち、配当額については、定款に「上限額その他の算定の基準要項」を記載すれば、配当優先株式の発行を、取締役会の決議に委ねる旨を定款に規定することで可能となる。

(9) 相続税対策

　平成19年1月1日以降の相続等により、同族株主が取得した場合、相続税法での評価方法は変更される[37]。

　そこで、相続株式に係る納税額をいかに抑えることができるかである。例えば、後継者の相続税対策として、従業員持株会を設立し、株主割当による増資を行う。新株は配当優先株式たる議決権制限株式とする。増資した新株をすべて従業員持株会に譲渡する。その結果、1株当たりの純資産価額の評価が下がり、相続税が減額される。また、後継者の議決権割合は維持されるため、経営支配権には影響がない。

　優先配当が行われない場合には、議決権が復活するものとされていた旧商法上の強制法規が廃止された。定款に定めることによって、さまざまな議決

---

[37] 平成18年度税制改正によって、特定同族会社の留保金課税の対象となる会社の範囲の決定基準について、それまでの持株比率基準だけでなく、議決権基準が加わった。この結果、無議決権株式の採用により、特定の者に議決権が集まることで、従来は同族会社でなかった会社が同族会社となることもありえる。

権復活の条件を定めることができ、完全に議決権のない株式を発行することも可能である。

会社法では、配当の優先株式と議決権の有無については、切り離して定めることができる。

2 譲渡制限株式

(1) 概　要

譲渡制限株式とは、譲渡による株式取得について、発行会社の承認を必要とする株式である（法107条1項1号、108条1項4号）。普通株式に定款の定めにより、株式に譲渡制限を設けるか、または種類株式として発行することができる。

譲渡制限株式は、会社にとり好ましくない者による会社に対する干渉を防ぎ、円滑な経営に資するものである。公開会社では、一部の株式につき譲渡制限を設けることが可能である（法2条5号）。

(2) 譲渡承認

① **定款の定め**　株式の譲渡承認の機関は株主総会（取締役会設置会社では取締役会）である。しかし、定款の別段の定めにより、例えば、①一定の譲渡では、代表取締役など他の機関とすること、②株主間譲渡では、会社の承認を不要とすることは可能である（法139条1項但書）。

② **配当優先株式との組合せ**　種類株式として、譲渡制限株式かつ配当優先株式とすることもできる。譲渡承認の機関は、①譲渡制限株式かつ配当優先株式については、取締役会とする。②他の譲渡制限株式は、代表取締役の承認で足りるとする、などが考えられる。

(3) 利用例

株式の分散を防止するため、譲渡制限株式を譲渡先として、発行会社または後継者を、株式の先買権者または指定買取人としておく（法155条2号）。譲渡制限株式の株主から譲渡承認の請求があった場合、第三者への譲渡の承認請求を拒否するとともに、発行会社または後継者が買い取るのである。

事業承継実務における必携・必読の書

978-4-7972-5832-5　¥3,600（税別）

今川嘉文 著
（神戸学院大学法科大学院教授）

事業承継法の理論と実際

【目 次】

★第1部 事業承継の問題点
Ⅰ　事業承継の具体的問題／Ⅱ　自社株式に係る問題／Ⅲ　事業承継の方法

★第2部 経営承継円滑化法および新事業承継税制
Ⅰ　経営承継円滑化法および新事業承継税制の創設／Ⅱ　経営承継円滑化法および新事業承継税制の概要／Ⅲ　事業承継に係る遺留分に関する民法の特例／Ⅳ　生前贈与株式を遺留分の対象から除外できる制度／Ⅴ　生前贈与株式の評価額を予め固定できる制度／Ⅵ　追加合意と衡平を図る措置／Ⅶ　事業承継の円滑化のための金融支援／Ⅷ　非上場株式等に係る相続税の納税猶予制度

★第3部 種類株式および新株予約権の活用
Ⅰ　問題点の所在／Ⅱ　種類株式の比較検討／Ⅲ　議決権制限株式の内容と譲渡制限株式との併用／Ⅳ　議決権制限株式の発行戦略／Ⅴ　従業員持株会の対策と利用／Ⅵ　新株予約権と事業承継／Ⅶ　今後の課題

★第4部 相続人等に対する売渡請求
Ⅰ　売渡請求権の行使／Ⅱ　売渡請求権の問題点

★第5部 株式の評価
Ⅰ　問題の所在／Ⅱ　株式の評価が問題となる状況／Ⅲ　株式の評価に係る問題点／Ⅳ　株式の評価の算定方式／Ⅴ　判　例／Ⅵ　精算所得に対する法人税等の控除／Ⅶ　加重平均による併用方式／Ⅷ　種類株式の評価方法

★第6部 事業承継と組織再編
Ⅰ　利益圧縮による株式評価対策／Ⅱ　株式移転・株式交換による株式評価対策／Ⅲ　株式上場による税負担増

★第7部 事業承継とM&A
Ⅰ　M&Aの活用／Ⅱ　M&Aと従業員等への承継比較／Ⅲ　合併対価の多様化

★第8部 事業承継に係る諸問題の対策
Ⅰ　会社に対する現オーナー経営者の貸付金の対策／Ⅱ　名義株式の株主に対する対策

★第9部 事業承継と「事業の信託」
Ⅰ　新信託法と「事業の信託」／Ⅱ　「事業の信託」の具体的内容／Ⅲ　事業承継と他の信託／Ⅳ　「事業の信託」のメリット／Ⅴ　信託会社の要件／Ⅵ　事業の信託に係る課題

★第10部 事業承継の計画
Ⅰ　事業承継の具体案／Ⅱ　事業承継と社会的責任

信山社　〒113-0033 東京都文京区本郷 6-2-9-102
e-mail:order@shinzansha.co.jp/tel03-3818-1019/fax03-3818-0344

「事業承継実務における必携・必読の書」
日本司法書士会連合会 推薦!!
東京司法書士協同組合／近畿司法書士会連合会 からも推薦のメッセージ!!

推薦文

日本司法書士会連合会は、司法書士の専門性向上を目的とし、司法書士の実務経験と大学(学者)の学究経験との交流促進を図るために、「大学提携事業」を展開している。

本著『**事業承継法の理論と実際**』は、著者の労作であるが、大学提携事業における近畿司法書士会連合会の協力により実現した学術交流『企業法務研究』の成果でもある。

「事業承継」対策は、経営者(親族)の個人的課題に止まらず、出資者、会社債権者、従業員、取引企業にも多大な影響のある社会的問題といえる。

本著は、事業承継の問題点、経営承継円滑化法および新事業承継税制の検討、種類株式および新株予約権の活用、相続人等に対する株式の売渡請求、譲渡制限株式の評価方法、株式評価の負担軽減策、M&Aの活用、会社に対する現オーナー経営者の貸付金対策・名義株式の株主対策、事業の信託、事業承継の計画を、具体例をふんだんに盛り込み、体系的に検討している。

本著は、事業承継実務に必要な事項を網羅的にフォローしているので、事業承継実務における必携・必読の書である。

● **日本司法書士会連合会**

本著は、当協同組合のメールマガジン「ウィークリーTSKネット」の連載寄稿が拡充されて、事業承継における問題と対策が体系的に論じられている事業承継実務に必携・必読の書です。

● **東京司法書士協同組合**

中小企業の「事業承継対策」が中小企業の喫緊の課題となっている。中小企業が健全かつ永続的に事業を続けることは、日本経済にとって不可欠な要素である。

中小企業に対する法的サービスの提供は、司法書士の中心的な業務の一つであるが、近年、我々のパートナーである中小企業経営者の多くが、この事業承継の問題と真剣に取り組むべき時期を迎えている。

そのため、近畿司法書士会連合会は、日本司法書士会連合会と共同で進める「大学と司法書士の共同研究事業（企業法務分野）」において、「中小企業の事業承継」を研究テーマとし、著者(学者)と実務家という立場で共同研究・意見交換を重ねた。

この研究会での研究成果が本著の一助となれば幸甚である。

本著『**事業承継法の理論と実際**』は、多くの具体例が盛り込まれ、事業承継の問題点をフォローし、経営承継円滑化法および新事業承継税制、会社法における種類株式や定款等の活用、譲渡制限株式の評価方法や株式評価の負担軽減策、M&Aの活用、経営者の会社への貸付金対策、名義株式への対応、事業の信託、事業承継の計画等について体系的にまとめられていて、中小企業の事業承継がより円滑に行われることを願って推薦する。

● **近畿司法書士会連合会**

(4) 発 行 方 法

① **決議事項**　譲渡制限株式の発行は、株主総会の特別決議により、発行可能種類株式総数および株式譲渡により取得することについて会社の承認を要する旨を定款に定めなければならない。当該規定は登記事項である（法107条2項1号イ、108条1項4号・2項4号）。

また、承認機関および一定の場合において会社が承認をしたとみなすときには、その旨を定款に定め、登記しなければならない（法107条2項1号ロ）。

② **既存株式を譲渡制限株式に変更**　既存の全株式を譲渡制限株式に変更する場合、定款変更のために、株主総会の特殊決議を要する（法309条3項）。当該定款の変更に反対する株主は、会社に対し自己が有する株式の買取を請求することができる（法116条1項2号）。少数株主の保護である。

③ **種類株式を譲渡制限株式に変更**　特定の種類株式を譲渡制限株式に変更する場合、種類株主総会の特殊決議を要する（法111条2項、324条3項1号）。

④ **定款の記載事項**　定款の定めの記載例としては、以下のものがある。
（株式の譲渡制限）
第○条　当会社の発行する株式を譲渡によって取得するには、取締役会の承認を必要とする。
ただし、当会社の株主に譲渡する場合は、承認したものとみなす。

3　配当優先株式

(1) 概　　要

配当優先株式とは、配当請求権または残余財産分配請求権について、他の株式に優先した請求権を有する株式である。他方、配当劣後株式とは逆に他の株式に劣後した請求権しかない株式である（法108条1項1号・2号）。

なお、配当請求権および残余財産分配請求権を会社が消滅するまで与えない株式を発行することはできない（法105条2項）。株式会社は営利法人であり、当該内容の株式はその本質に反するからである。

(2) 配当の分類

① **参加型および非参加型優先株式**　配当優先株式には、参加型および

第3部　種類株式および新株予約権の活用

非参加型優先株式がある。第1に、参加型とは優先的な配当を受けた後に、さらに普通株式と同様の配当を受け取る権利を有する優先株式である。

第2に、非参加型とは、当該権利を有しない優先株式である。参加型優先株式は結果的に普通株式よりも多くの配当を得ることになる。参加型優先株式は、第三者に株主になってもらう際に有利な条件を提示できる。

②　**累積型および非累積型優先株式**　配当優先株式には、累積型および非累積型優先株式がある。第1に、累積型とは分配可能額が不足していたため、優先順位に基づく配当ができなかった場合、次回の配当時に前回の不足分を受け取ることができる優先株式である。

第2に、非累積型とはそれができない優先株式である。これについても、累積型を採用することで、議決権制限株式と組み合わせれば、非後継者にも経済的メリットが増すことになる。

(3)　利 用 例

事業承継において、例えば、参加型優先株式を議決権制限株式と組み合わせることにより、非後継者にも経済的メリットが増すことになる。

また、後継者には普通株式を交付し、非後継者には議決権制限株式かつ「参加型優先株式・累積型優先株式」とすることも一案である。

(4)　発行の方法

①　**定款の定め**　配当優先株式の発行は、定款において、具体的事項でその定めを規定しなければならない（法108条1項1号・2項1号）。1株当り、「普通株式よりいくら優先するのか」について、配当を優先する金額の上限を定める。

「当期純利益が○○円未満の場合には配当を行わない」との規定も認められる。定款の私的自治の一環である。

当該定款の定めは、登記を要する。第三者は登記簿の閲覧により配当優先の状況を知ることができる（法911条3項、915条）。

②　**定款の記載事項**　定款の定めの記載例としては、以下のものがある。
（剰余金の配当についての優先甲種類株式）

第○条　当会社は、定款第Ｘ条に定める剰余金の配当を行うときは、甲種類株式を有する株主（以下、「甲種類株主」という。）に対し、普通株式を有する

株主（以下、「普通株主」という。）に先立ち、甲種類株式1株につき年〇〇円の剰余金（以下、「優先配当金」という。）を配当する。
（非累積条項）
2　ある事業年度において甲種類株主に対して支払う配当金の額が、優先配当金の額に達しないときは、その不足額は、翌事業年度以降に累積しない。
（非参加条項）
3　甲種類株主に対しては、優先配当金を超えて配当を行わない。

4　拒否権付種類株式

(1)　概　要

拒否権付種類株式とは、株主総会において決議すべき事項のうち（取締役会設置会社では、取締役会も対象となる）、当該決議のほか、種類株主を構成員とする「種類株主総会の決議」があることを必要とするものをいう（法108条1項8号）。経営についての重要な決議事項に対する拒否権を認めた種類株式である（法108条2項8号、323条）。

経営についての重要な事項とは、取締役の選任・解任、会社の合併、事業譲渡などである。定款の定めで、拒否権付種類株主からなる種類株主総会の決議がなければ、有効な株主総会決議ができないのである。

当該種類株主は、拒否権（取締役の選解任、組織再編等）を有する状態となるため、「黄金株」とも言われる。拒否権付種類株式についてのみ譲渡制限を行うことも可能であり、活用の幅は広い。

(2)　定款の定め

①　**具体的内容**　定款には、発行可能株式総数、当該種類株主総会の決議があることを必要とする事項、当該種類株主総会の決議を必要とする条件を定めるときは、その条件を定める。

②　**特定の決議事項**　特定の決議事項とは、例えば、取締役選任決議についてだけ議決権を行使できる事項とすることを内容とする議決権制限株式が発行された場合、取締役選任決議について、株主総会の普通決議に加え、議決権制限株式の株主による種類株主総会の決議を要する旨を定款で定める。

ただし、種類株主総会において、議決権を行使することができる種類株主

がいない場合、決議は不要である（法323条但書）。

③　**定款の記載**　　定款の記載例は、以下のものがある。
（拒否権付甲種類株式）
第〇条　当会社が取締役の選任及び解任、事業の全部又は一部の譲渡、合併、会社分割、株式交換、株式移転又は解散を行う場合には、甲種類株式の株主を構成員とする甲種類株主総会の決議を必要とする。

(3)　**利　用　例**

①　**後継者以外の相続人対策**　　現オーナー経営者が普通株式を100％有している場合、後継者への相続に先立ち、拒否権付種類株式を発行しておく。

当初、現オーナー経営者が拒否権付種類株式を保持して経営を行い、後継者に大部分の拒否権付種類株式を生前贈与して経営権を委譲する。後継者以外の相続人に取得させる株式について、一定の重要事項については拒否権の対象とする。仮に株式の分散が起こったとしても、経営権の集中が一定の範囲で可能となる。

ただし、後継者の議決権割合が過半数に満たないような場合、拒否権だけをもって経営を円滑に進めることはできない。経営のデッドロック状態（内部対立による経営の行き詰まり状態）に陥るかもしれないからだ。そのためにも、後継者には過半数以上の株式を保有させることが重要である。

②　**後継者への牽制**　　事業承継の際に、例えば、相続時精算課税制度を利用して、現オーナー経営者が後継者に株式の大部分を移転させる。株式移転の後、経営上の最終的な決断について、現オーナー経営者が決定権を留保したい場合、拒否権付株式を1株でも保有することで、それが可能になる。

すなわち、後継者が会社経営を独断専行してしまう可能性に対処するため、現オーナー経営者の下で拒否権付種類株式を発行し、現オーナー経営者が一定数を保有し、後継者には普通株式を保有させる。現オーナー経営者は後継者に事業承継をした後であっても、後継者を牽制できる。後継者を牽制できることが、他の相続人および従業員ならびに取引先の了解を得やすいといえる。

この際には、拒否権付株式が相続によって後継者以外の者に相続されないように、後継者に相続させる旨を遺言で明らかにしておく、または相続発生

時には拒否権が無効になるように設定しておく必要がある。

③ **従業員等への牽制**　従業員または外部の優秀な人材を経営者に登用する場合、役員報酬議案または解任議案などについて、拒否権付株式を現オーナー経営者一族に与えておくことで、従業員または外部から登用した経営者に対する牽制となる。

④ **株式分散の対応**　現オーナー一族の持株割合が、相続などによる株式分散により少ない場合でも、拒否権付株式を現オーナー経営者一族に与えておくことで、事業譲渡および合併などに対する拒否権を有し、一定の範囲で現オーナー経営者一族の支配権が維持できる。とりわけ、現オーナー経営者一族が過半数の持株数を有していない場合、組織再編に反対するには、拒否権付株式は有用である[38]。

(4) 発行方法

拒否権付株式の発行方法は、株主総会の特別決議により、発行可能種類株式総数および種類株主総会の決議があることを必要とする事項、種類株主総会の決議を必要とする条件を定めるときはその条件を、決議する。これらは定款に定めて、登記する（法108条1項8号・2項8号）。登記により、拒否権の存在が第三者にわかる。

(5) 問題点

現オーナー経営者の死亡後、後継者が過半数の議決権を有するような状態であれば、拒否権付種類株式（黄金株）を利用する必要はない。

拒否権付種類株式を発行しても、後継者への議決権集中度合が低く、単独で株主総会の普通決議ができないため、機動的な経営を行うことが難しい。

また、拒否権付種類株式が不測の事態により第三者に移転することのない

---

[38] 事業承継における活用ではないが、拒否権付種類株式は、以下の活用方法がある。
　第1に、ベンチャーキャピタルの出資である。例えば、上場準備中の会社にベンチャーキャピタルが出資をする際、第三者割当増資または事業譲渡について、出資の条件として拒否権付株式とするように求める。経営者に対する監視機能を有し、投資の回収をより確実にできる。
　第2に、合弁会社への出資である。例えば、合弁会社を設立する際に、仮に出資割合が小さい場合であっても、拒否権付株式を与えることで、経営に対して影響力をもたせることができる。龍田節『会社法大要』（2007年、有斐閣）288頁。

よう、譲渡制限および取得条項の付与等の措置を講じておくことが必要である。

5 属人的種類株式

(1) 概　要

非公開会社において、定款の定めをもって、①剰余金の配当を受ける権利、②残余財産の分配を受ける権利、③株主総会における議決権について株主ごとに異なる取扱いを行う旨を定款で定めることができる（法109条2項）。これはいわゆる「属人的種類株式」または「VIP株」と呼ばれるものである。厳密な意味での種類株式ではなく、それをもつ株主の属人的性格によって株式の内容が変わるのである。

例えば、創業者一族を優遇して他の株主の3倍の配当を受け取ること、代表取締役である株主は、そうでない株主に対し、1株5議決権を有するとすることもできる。

(2) 利用例

株主のうちで取締役である者のみが議決権を有する旨を定款で定めておき、事業を承継させる者を取締役にしておくことで経営権を集中させる。例えば、後継者だけに1株で議決権の過半数をもつ株式を付与するのである。

事業承継にあたり後継者候補者が複数いる場合、候補者が株主であれば、後継者の決定と同時に後継者以外の候補者についての議決権を制限するという定款の定めを設ける。その結果、後継者だけに議決権が残る。他の候補者の不満を招かないよう他の候補者の株式を配当優先株式または取得請求権付株式とする。

(3) 発行方法

① **株主総会の特殊決議**　人的属性に基づいて株主権の内容に差をつける場合、株主総会の特殊決議により定款で定めを設ける。特殊決議は原則として総株主の半数以上が出席し、総株主の議決権の4分の3以上に当たる多数決である（法309条4項）。特別決議と比較して、株主の頭数要件および議決権要件が厳格である。

属人的種類株式は、登記では種類株式とはみなされず、登記手続は不要で

ある。第三者がその内容を知るには、定款を閲覧する必要がある。

② **定款の記載事項**　定款の定めの記載例は、以下のものがある。
(剰余金の配当の取扱い)
第〇条　当会社が剰余金の配当を行う場合、株主Xは配当する剰余金の総額の2分の1に当たる金額について配当を受けるものとし、その残額について他の株主がその頭数の合計で除した金額ずつの配当を受けるものとする。

(4) 問　題　点

① **異なる取扱いの範囲**　属人的種類株式は、議決権または配当等に関する株主ごとの異なる取扱いをするため、後継者への議決権集中度合は高いが、定款変更に株主総会の特殊決議が必要である。

株主(社員)ごとの異なる取扱いについて、旧有限会社においても利用実例がほとんどなく、異なる取扱いが可能な範囲についての解釈が不明確である。

上述した基準をはるかに超える議決権または配当等の差異につき、株主ごとの異なる取扱いの内容をどのようにするのか。とりわけ、株式の数によらずに議決権数を定めるような場合、どの程度まで差異を設けることができるかの検討が必要である。

著しい差異は、公序良俗違反の可能性が生じ、無効となる。

② **税務上の評価**　属人的種類株式は、税務上の評価が明確でない。国税局(平成19年2月19日公表)の「相続等により取得した種類株式の評価について」によれば、完全無議決権株式については原則として議決権の有無を考慮せずに評価することとしている。この考え方に従えば、1株で議決権の過半数をもつような株式でも、税務上の株式評価については特段の調整はなされないことになる。

しかし、属人的種類株式の評価方法は明確ではなく、寄付金の認定課税を受ける可能性もある。税務上の評価問題が、属人的種類株式の導入に際しネックとなる。

第3部　種類株式および新株予約権の活用

6　取得条項付株式

(1) 概　要

　取得条項付株式は、取得請求権付株式とは逆に、一定の事由が生じたことを条件として、発行会社が取得する権限を有している株式である（法107条1項3号、108条1項6号）。発行会社側が買う権利であるコール・オプションが付随している株式といえる。

　取得条項付株式の取得対価は、金銭だけでなく、社債または他の種類株式などとすることができる。定款で取得価格および算定方法を定めておく。

　金銭を対価として取得する場合、取得条項付株式は借入金に近い事案がある。例えば、当該株式を発行して、期日まで資金を提供してもらい、一定の期日が到来すれば返済する（株式の買取り）。これは事実上、借入金に近いといえる。しかし、株式であるため、利息ではなくて配当金を支払う。

(2) 利用例

　①　**後継者に普通株式への転換**　取得条項付株式の取得対価は金銭、社債、他の種類の株式などの設定が可能である。そこで、議決権制限株式に取得条項を付け、普通株式に転換できるようにする。

　例えば、相続時精算課税等を利用して、複数の後継者候補者に「議決権制限」が付いた取得条項付株式を交付する。後継者が確定した場合、発行会社が株式を取得して、後継者が有する株式を議決権制限株式から普通株式に転換する。後継者だけに議決権を集中させることができる。

　②　**後継者以外の者に議決権制限株式への転換**　普通株式に取得条項を付し、後継者候補者に交付する。後継者が決定した場合、発行会社が株式を取得して、後継者以外の者が有する普通株式を議決権制限株式に転換する。ただし、この方法は普通株主全員の同意を要する。

　③　**後継者以外の者に相続させる株式を取得条項付株式**　後継者以外の者に相続させる株式を取得条項付株式とする。発行会社は一定の範囲で当該株式を買い取ることが可能となり、後継者だけに議決権を集中させることができる。

　④　**従業員持株会での保有**　株式の分散を防止するため、従業員持株会

は保有する株式を取得条項付株式とする。発行会社は、従業員の退社を「一定の事由」として株式を取得できる。退職者から株式を買い取ることができ、退職者の死亡等で株式が分散するのを防止できる。

　⑤　**資金調達**　第三者割当増資により取得条項付株式を発行する。発行会社は資金を調達でき、資金的な余裕が出た場合、取得条項付株式を買い取る。これは、一種の借入金に近いともいえる。

　⑥　**敵対的M&Aの防衛策**　会社は、取得条項を満たした一部の株式だけを取得することもできる。例えば、「発行済株式総数のうち、一定割合を超えた株式数を有する株主から取得する」と定款に記載しておく。この場合、敵対的M&Aの防衛策となる。

(3) 発行方法

　①　**原　　則**　取得条項付株式を発行する具体的方法は、つぎの原則に基づく。

　第1に、発行会社が株主から取得条項付株式を取得するにしても、対価が他の株式である場合を除き、分配可能額の範囲内であることを要する（法170条5項、461条2項）。

　第2に、株主総会の特別決議により、発行可能種類株式総数、発行会社が一定の事由が生じた日または別に定める日にその株式を取得する旨、株式1株と引換えに交付する財産の内容、数、金額またはそれらの算定方法、株式と引換えに他の株式を交付するときはその株式の種類、数またはその算定方法を、定款に定める（法107条2項3号、108条1項6号・2項6号）。

　第3に、定款で定めた前記内容は、登記を要する。第三者が取得条項付株式の内容を知ることができるためである。

　第4に、既存の普通株式および種類株式の一部についてだけ取得条項をつけることはできない。

　第5に、下記②および③において、既存株主および種類株主全員の同意を要する。これは、発行会社が一定の条件を満たせば、取得条項付株式を強制的に買い上げができるためである。

　②　**定款の記載事項**　定款の定めの記載例は、以下のものがある。

（取得条項付甲種類株式）

第○条　当会社は、平成○年○月○日以降いつでも、会社法第461条に定める限度額を限度として、次に定める取得の条件で甲種類株主から甲種類株式を取得することができる。
　1　一部取得の場合は、取得の順序は抽選その他の方法により決定する。
　2　取得と引換えに甲種類株主に交付する金銭の額
　　　甲種類株式1株につき、○○円とする。

(4) 発行の局面

① **新たな取得条項付株式の発行**　株主総会の特別決議により、取得条項付株式の発行のために、定款を変更する。取得条項付株式の発行により、他の種類株主に損害を及ぼすおそれがある場合、その種類株主総会の特別決議を要する。

② **既存の全株式に取得条項を付す場合**　既存の全株式に取得条項を付すため、定款変更のための株主総会の特別決議に加え、株主全員の同意を要する。

③ **既存の種類株式に取得条項を付す場合**　既存の種類株式に取得条項を付すため、定款変更のための株主総会の特別決議に加え、既存の種類株主全員の同意を要する。

(5) 取得条項付株式の取得方法

取得事由が発生すれば、会社は発行した取得条項付株式を取得することができる。定款で取得価格および算定方法を定めたうえで、一定の事由が生じれば、事務的に取得をすることができるのである。株主に対し、取得に係る理由を説明する必要はないが、事前通知をしなければならない。

なお、全部取得条項付株式の場合、取得の際にも株主総会の特別決議および理由の説明を要する。

7　取得請求権付株式

(1) 概　要

取得請求権付株式とは、株主が発行会社に対し、自己が有する株式の取得（買取）を請求することができる株式をいう（法107条1項2号、108条1項5号）。

株主に売る権利があるプット・オプションが付随している株式といえる。株主から取得請求があれば、分配可能額がない場合を除き、会社は当該株式を取得しなければならない（法166条1項、461条2項）。

取得請求権付株式の取得対価は、金銭だけでなく、社債または他の種類株式などとすることができる。定款で取得価格、算定方法および取得請求が可能な期間を定めておく。株主から取得請求を受けても、発行会社は費用を負わない方法が可能である。分配可能額を超えて株式の取得はできない。

株式の買取価額について、時価との差額があれば贈与または寄付の問題が生じる。このため、「株式1株と引換えに交付する財産の内容、数、金額またはそれらの算定方法」の「算定方法」において、「相続税評価額により算定する」としておくことが考えられる。

(2) 利 用 例

① **後継者以外の相続人に取得請求権を付与**　例えば、大株主である代表取締役があらかじめ普通株式および議決権制限株式を保有する。遺言で後継者に普通株式を、後継者以外の相続人には議決権制限株式を相続させる。

この際に後継者以外の相続人は議決権制限株式を相続し、不満が生じる。そこで、後継者以外の相続人に議決権制限株式に取得請求権をつける。後継者以外の相続人は、いつでも会社に対し株式の買取りを求めることができる。経営に関心がない後継者以外の相続人にとり、実利的である。

② **第三者割当増資への活用方法**　例えば、第三者割当増資を行う際に、取得請求権付株式を発行する。それを取引企業に割り当てる。増資に応じてもらいやすい反面、取得請求に応じる義務がある。

③ **従業員持株会での保有**　従業員持株会は保有する株式を取得請求権付株式とする。会社に買い取ってもらえる仕組みにすれば、従業員は従業員持株会に加入しやすい。

④ **取得請求への条件付与**　取得請求に条件をつけることができる。例えば、「X氏が代表取締役でなくなった場合」に取得請求できるなどである。

(3) 発 行 方 法

① **決議事項**　取得請求権付株式の発行は、株主総会の特別決議により、つぎの内容を定める。すなわち、発行可能種類株式総数、株主が会社に対し

株式を取得することを請求することができる旨、請求期間、株式1株と引換えに交付する財産の内容、数、金額またはそれらの算定方法、株式と引換えに他の株式を交付するときはその株式の種類、数またはその算定方法、である。

これらは、定款に定めて登記する（法107条2項2号、108条1項5号・2項5号）。登記により、第三者は種類株式の発行状況を知ることができる。

② 定款の記載事項　定款の定めの記載例は、以下のものがある。

(取得請求権付甲種類株式)

第○条　甲種類株主は、会社法第461条に定める限度額を限度として、次に定める取得の条件で当会社が甲種類株式を取得するのと引換えに金銭の交付を請求することができる。

1　取得と引換えに甲種類株主に交付する金銭の額
　甲種類株式1株につき、○○円とする。
2　取得請求が可能な期間
　平成○年○月○日から平成○年○月○日までとする。

8　全部取得条項付株式

(1) 概　説

全部取得条項付株式とは、株主総会の特別決議により、会社がその種類株式の全部を取得できる株式である（法108条1項7号）。100％減資、すなわち、株主の総入れ替えが可能となる。株主総会の特別決議で、会社は当該株式を株主から強制的に取得でき（法171条1項、309条2項3号）、上場会社における敵対的M＆Aの防衛策に有益である。

しかし、中小企業では、債務超過会社でないかぎり、少数株主保護に欠ける側面がある。株主からの強制的取得には、合理的な理由を要する。

(2) 利用例

債務超過会社において、100％減資により、株主の総入れ替えを行いたい場合、株主総会の特別決議で既存の株式を全部取得条項付株式に変更し、株式を全部取得する。少数株主を排除するために、全部取得条項付株式を利用することが可能である（法108条1項7号）。

少数株主保護の観点から、既存の株式につき、反対株主は会社に対し株式買取請求権を行使できる（法116条1項2号）。また、発行会社が強制取得の実行をするために、株主に対する合理的な理由を要するであろう。

(3) 発行方法

① 決議時効　全部取得条項付株式を発行する場合、株主総会の特別決議により、発行可能種類株式総数、株式の取得対価の価額の決定方法、株主総会決議をすることができるか否かについての条件を定めるときはその条件を、定款に定めて登記する（法108条1項7号・2項7号）。

この登記により、第三者にもわかる仕組みになっている。

② 株式の買取請求権　全部取得条項付株式を発行する定款変更に反対する既存株主は、発行会社に対して株式の買取請求権を行使することができる（法116条1項2号）。

③ 種類株主総会の特別決議　すでに他の種類株式を発行している場合、当該種類株式に全部取得条項を付けるには、種類株主総会の特別決議を要する（法111条2項、324条2項）。

(4) 既存株式を全部取得条項付株式に変更

既存株式を全部取得条項付株式に変更するには、つぎの手続きを要する。

第1に、全部取得条項付株式を発行する旨の定款の定めを置く。そのために、全部取得条項付株式発行会社となる決議（定款変更の特別決議）を要する。

第2に、すでに発行した全株式を、全部取得条項付株式に変更する決議（定款変更の特別決議）を要する。すでに発行した株式が、種類株式の場合、種類株主総会の特別決議を要する（法111条2項、324条2項）。

第3に、株式の全部を全部取得条項付株式に変更し、会社はこれを全部取得する。自己株式の消却を行うと同時に新種の株式を発行する。

(5) 全部取得条項付株式の取得方法

会社が全部取得条項付株式を取得する場合、つぎの方法による。

第1に、取締役が取得を必要とする理由を説明する。第2に、株主総会の特別決議により、取得対価とその割当てに関する事項、取得日を定める（法171条）。第3に、種類株式を発行している場合であっても、種類株主総会の

特別決議を要しない。

9 役員選任権付株式

(1) 概　説

役員選任権付株式とは、種類株主総会において取締役または監査役を選任することを定めた種類株式である（法108条1項9号）。当該株式を発行した場合、種類株主総会だけで役員を選任する。そのため、（全体の）一般株主総会で役員を選任することはない。

役員選任権付株式は、非公開会社で発行が可能である。公開会社および委員会設置会社では発行することができない（法108条1項但書）。

役員選任権付株式のリスクは、株式の分散または譲渡により、第三者が入手した場合、円滑な経営が阻害されるおそれがある。そこで、役員選任権付株式は譲渡制限株式であるが、取得条項付株式としておくことも検討に値する。

(2) 利用例

① **現オーナー経営者が後継者を牽制**　事業承継において、現オーナー経営者が相続以前に、後継者に対し株式の大半を移転させる場合、現オーナー経営者は役員選任権付株式を保有しておく。現オーナー経営者は事業承継後、役員の選解任の決定権を留保し、後継者の暴走を牽制できる。

② **株式分散の対処**　現オーナー経営者が生前に役員選任権付種類株式を発行しておく。遺言書に後継者だけに対し、当該株式を相続させる旨を記載する。相続により、株式の分散が生じたとしても、役員の選解任につき、後継者は主導権を握ることができる。

③ **後継者の解任防御**　役員選任権付株式は、後継者が取締役解任となる事態を防ぐことができる。役員選任権付株式を発行した場合、役員の選任だけでなく解任は種類株主総会の決議によるからである（法347条1項）。

④ **1会社に2つの同族株主グループがいる場合の対処**　1つの会社に2つの同族株主グループが存在し、相互に反目している場合、役員選任権付株式を発行し、A種類株主総会で取締役を4名、B種類株主総会で取締役を3名選任すると定款に定める。これは、相続等により株式が分散している状

況では、有効である。

⑤　**合弁会社での活用**　合弁会社を設立するに際し、異なる種類の役員選任権付株式を割り当てる。出資会社は、出資割合に必ずしも比例することなく、各会社は一定の取締役を選出することができる。

⑥　**資本提携等での活用**　他社との強固な資本提携を行う、または経営統合の前段階として、相互に役員選任権付株式を発行し、他社からの役員を受け入れる。役員選任権付株式の活用により、役員の独自性を維持できる。

(3)　発　行　方　法

①　**決議事項**　役員選任権付株式の発行は、株主総会の特別決議により、発行可能種類株式総数および種類株主総会において取締役または監査役を選任し、その人数等を定款に定める（法108条1項9号・2項9号）。登記は必要である。役員選任権の存在が第三者にもわかる。

②　**定款の記載事項**　定款の定めの記載例としては、以下のものがある。
（役員選任権付甲及び乙種類株式）

第○条　甲種類株式の株主は、甲種類株式の株主を構成員とする甲種類株主総会において、取締役3名及び監査役1名を選任する。

2　乙種類株式の株主は、乙種類株式の株主を構成員とする乙種類株主総会において、取締役1名及び監査役1名を選任する。

III 議決権制限株式の内容と譲渡制限株式との併用

1 議決権制限株式の内容

　議決権制限株式の内容は、特定事項のみの議決権制限とすることも可能であり（法110条、108条1項3号）、議決権制限株式の内容の検討が必要である。
　例えば、①完全無議決権株式とするのか。②特定の事項のみの議決権制限株式とするのか。③特定の事項のみの議決権制限株式とする場合、どの事項について制限すべきか。種類株式の内容として、会社法322条1項の種類株主総会決議を要しない旨を定めておくことが適当ではないか。
　そこで、①事業承継に関する議決権制限株式の内容は、完全無議決権株式とし、会社法322条1項の種類株主総会決議を要しないものとすること。②配当・残余財産分配請求権に差異を設けること。③剰余金配当についてのみ議決権を設けること、などの措置が考えられる[39]。

2 譲渡制限株式かつ配当優先株式との併用

　会社法は、定款の定めにより、ある種類の株式譲渡につき、会社（取締役会、株主総会、または特定の機関（代表取締役等））の承認を要する制限を設けることができる（法108条1項4号、107条2項1号ロ9）。株式の譲渡制限および議決権制限株式を併用し、後継者を株式譲渡の承認機関とすることで、経営権を集中させることができる。
　また、譲渡制限株式であり、かつ配当優先株式とすることもできる。譲渡制限株式会社における先買権者・買取人の指定の請求に際し、定款で会社自身を先買権者・買取人に指定することもできる（法140条5項但書）。
　先買権者とは、株主が株式を譲渡する際に買取人として指定された者である。先買権者の制度は、この際にあらかじめ買取人を決めておき、その者だ

---

(39) 高橋眞・村上幸隆編・前掲注（2）279頁。

Ⅲ　議決権制限株式の内容と譲渡制限株式との併用

けが株式を譲り受ける権利をもつとした制度である。旧商法では先買権者をあらかじめ指定することはできなかったが、会社法では可能である。

　なお、譲渡制限株式会社では、定款で発行会社自身以外に株式を譲渡することができないようにしておくことも可能である。これにより株式が現状以上に分散することを防止でき、逆に株式を後継者に集中させることができる。

第3部　種類株式および新株予約権の活用

Ⅳ　議決権制限株式の発行戦略

　現オーナー経営者が、事業承継に先立って議決権制限株式を発行・取得する方法として、①議決権制限株式の新規発行、②自己の保有する株式の一部を議決権制限株式に内容変更、③株式無償割当て、④全部取得条項付種類株式の発行を経て議決権制限株式の交付、という4通りが考えられる。そこで、各発行手続について検討する。

1　議決権制限株式の新規発行

(1)　方法とメリット

　これは、議決権制限株式を新規発行し、現オーナー経営者に割り当てる方法である。
　会社の資金需要および相続対策を一度に行うことができる。

(2)　問題点

　問題点として、経営者に支出可能な現金を要する。また、少数株主が存在する場合、当該少数株主にも議決権制限株式を割り当てるなどの配慮が必要である。

2　保有株式を議決権制限株式に変更

(1)　方法とメリット

　これは、現オーナー経営者が保有する普通株式の一部を、議決権制限株式に内容変更する方法である。
　新たな資金の必要なく行うことができるため、現オーナー経営者自らが株式を100％保有する場合には有効な方法である。

(2)　問題点

問題点として、株式が分散されている場合、株主全員の同意を要するため、活用できる場面は限定的である。

少数株主が存在し、内容変更する株式数を増やすごとに、現オーナー経営者の議決権割合が低下していく。経営権を保持するためには、内容変更する株式の数に細心の注意を要する。

3 株式の無償割当て

(1) 方法とメリット

これは、株式無償割当ての方法により、既存の普通株主全員に対し議決権制限株式を割り当てる方法である。

現オーナー経営者が大多数の株式を保有している場合だけでなく、議決権保有割合が3分の2未満の場合でも、少数株主の権利関係に影響を与えない。他の株主の理解を得て、実施できる可能性がある。少数株主がいる場合、当該方式が最も対応できるケースが多いと考えられる。

(2) 問題点

問題点として、現オーナー経営者が100％株式を保有しているような場合、株式無償割当ての方法は無駄となる。

4 全部取得条項付種類株式の発行・議決権制限株式の交付

(1) 方法とメリット

これは、① 全ての既存普通株式につき、「全部取得条項付種類株式に内容を変更」する。② 新たに「普通株式を発行」し、これまでの株式保有比率に従って割り当てる。③ 会社が「全部取得条項付種類株式を取得」する。④ 「議決権制限株式を交付」する方法である。

少ない資金で相対的に議決権制限株式を多く発行できる方法である。

(2) 問題点

問題点として、手続が煩雑であり、反対株主の株式につき買取資金を要する。当該方法は、現オーナー経営者が株式を100％所有している場合、または既存株主の大多数の賛成が得られる場合に限定される。

第3部　種類株式および新株予約権の活用

Ⅴ　従業員持株会の対策と利用

1　節税対策としての従業員持株会

(1) 意　義

　従業員持株会を設立し、株主割当による増資を行い、1株当たりの純資産価額の評価を下げることにより、節税対策となる。具体的に、つぎの方法が考えられる。

(2) 具体的方法

　①　従業員持株会を設立する。

　②　株主割当による増資を行う。新株は配当優先株式かつ議決権制限株式（例えば、配当決議だけを認める等）とする。

　③　増資した新株すべて従業員持株会の会員（従業員株主）に譲渡（売却）する。売買価格は、課税問題から、配当還元方式とする。

　④　株式は、従業員持株会（理事長）名義で一括管理し、議決権行使を行なう。剰余金の配当は従業員個人に行う。

　⑤　課税ベースを考慮して価格を設定する。取得資金は、会社が従業員個々に融資または臨時賞与の支給、従業員持株会による融資等がある。

　⑥　増資による新株発行により、1株当たりの純資産価額の評価が下がる。

　⑦　現オーナー経営者の所有株式数は不変であり、株式財産額が減額され節税が可能であり、支配権は維持できる。

2　新株の割当て

(1) 誰に割当てるのか

　従業員持株会に、自社株式を保有させる増資による対策を実施する場合、新株の割当てを誰にするのか。①直接、従業員持株会の会員（従業員株主）に割り当てて行うのか。②既存の株主にいったん割り当て、増資してから、

従業員持株会の会員に対し、株主が増資した株式を売却するのか。

通常、従業員持株会の会員に割り当てる。従業員持株会に対する割当価額は「配当還元価額」が時価とみなされるため、従業員持株会の会員に対し第三者割当増資を実施しても問題はない。

「通常」とは、経済的な合理性があると判断される場合である。経済的な合理性とは、従業員持株会の会員の取得価額と退会時での売却価額は配当還元価額に準じた価額であり、経済的な価額がほとんど変わらないものと判断されることである。

従業員持株会の会員の所有する株式数は概して少ない。このような少数派株主は、剰余金配当を受領することが目的である。対象株式が議決権制限株式であれば、株主総会において、ほとんど経営に対する意見または質問がなく、配当金額が目的となる。

(2) 議決権の復活株式

議決権制限株式について、従業員持株会の会員が自社株を所有する最大の目的は剰余金の配当の支払いを受領することである。従業員持株会の会員に所有させようとするとき、議決権制限株式は、配当優先株式として発行されるであろう。

議決権制限株式の議決権の復活は、定款において定めることができる。配当優先株式を発行するとしても、完全無議決権株式とすることも可能である。何期間にもわたり無配の状態が続いても、議決権が復活しない優先配当株式は考えにくい。

なぜなら、非公開会社において自己株対策を考える場合、永久に議決権が復活しない株式を発行すると、課税評価で同族株主であるかを判定するに際し発行済株式の議決権数から、自己株式等の無議決権株式を控除することになる。そのため、1株当たりの株価を算定する場合、発行済株式総数から控除すべきとする事実認定として税務上問題になる。

株式評価につき、いずれ税法上の評価方法も整備されると思われるが、議決権の復活のない完全無議決権株式として定款で定めている現況判断として問題になる。さまざまな条件を課すにしても（例えば、2事業年度連続して無配になった場合）、議決権制限株式の議決権の復活が認められる株式を発行すべ

第3部　種類株式および新株予約権の活用

きであろう。

　従業員持株会の会員の各人の持株比率は小さくとも、従業員持株会として意思統一した場合、経営に対し多大な影響力を行使できるようになることには留意すべきである。

(3) 従業員持株会への放出量

　現オーナー経営者が事業承継に際して、従業員持株会に対する株式放出量が経営支配権との関係から問題となる。経営基盤の弱い非公開会社においては、株式分散による株主が多数にわたることは、会社運営上、問題が大きい。現オーナー経営者一族は最低保有株式数が過半数であること、できれば株主総会の特別決議に必要な持株数（66.67％）以上が望ましい。

　そこで、従業員持株会に株式を放出するに際しては、以下のことに留意しなければならない。

　①　従業員持株会に議決権のある普通株を所有させる場合の社長の株式放出は、発行株式数の30％の範囲とする。現オーナー経営者の持株割合を60％および配偶者の持株割合を10％とし、合計持株割合は70％になる。

　②　従業員持株会に株主総会での主要な決議に参加できない議決権制限株式（配当決議のみ等）に転換してから所有させる場合、現オーナー経営者の株式放出は30％位が妥当であろう。

　③　従業員持株会の従業員株主に対する売却価額は、同族株主以外であるため、例外的な評価方式である配当還元価額が1株当たり500円以上であれば贈与税の課税はない。

　ただし、1株当たりの売却価額が500円以下であっても、従業員1人当たりの贈与額が非課税範囲の110万円以内であれば、贈与税は課税されないことになる。

　④　増資による新株を発行して従業員持株会に自社株式を放出する場合、1株当たりの株式評価額を引き下げ、現オーナー経営者が所有する株式の評価減を図る方法になるが、効果は所有株式を直接放出するほうが大きい。

Ⅵ 新株予約権と事業承継

1　概　説

(1) 新株予約権とは

　事業承継において新株予約権の活用が考えられる。新株予約権を利用するメリットは、現在、株式取得に係る資金を有していないか、または準備できなくても、行使条件を満たせば、行使期間中であれば何時でも新株予約権を行使して、会社を支配できる議決権を有することが可能となる。また、現代表取締役の死亡を原因として、後継者が新株予約権を行使できるとすることも考えられる。新株予約権の活用は、後継者となる者が経営者として未熟な段階、事業承継の準備が整っていない段階に有用である。

　新株予約権とは、株式会社に対して行使することにより当該株式会社の株式の交付を受けることができる権利である（法2条21号）。すなわち、株式会社が発行する自社株式についてのコール・オプションとして、あらかじめ定められた権利行使価格および行使期間内に、当該会社の株式の交付を受けることができる権利である。

　例えば、あらかじめ定められた行使価格よりも株式の時価が騰貴した場合、権利行使期間内に権利を行使し、株式会社に対し当該会社の株式の交付を受ける。直ちに転売することにより、譲渡益を得ることができる。反面、行使価格は行使時の時価より低いため、株価の希薄化は避けられない。

　行使後の株価＝（行使前株価×発行済株式数＋行使価格×発行総数）÷（発行済株式数＋新株予約権発行数）、により計算する。

　新株予約権は、役員、従業員、子会社・関連会社の役員、取引先などに付与が可能であり、ストック・オプションとして、行使期間内に行使することにより、多額の経済的利益を得ることも可能である。権利行使時期と実際に経済的効果が発生する時期にタイムラグがあることが特徴である。

第3部　種類株式および新株予約権の活用

(2) 議決権の復活株式

　新株予約権の発行として、①新株予約権の募集、②取得請求権付株式の取得と引換えに新株予約権を交付、③取得条項付株式の取得と引換えに新株予約権を交付することが考えられる。

　①の新株予約権の募集による発行は、公開会社では、取締役会の決議による（法240条1項、295条2項）。有利発行の場合、株主総会の特別決議を要する（法240条1項、238条2項・3項、309条2項6号）。株価の希薄化効果に伴い、既存株主が保有する株式の価値が下落するおそれがあるためである。非公開会社では、株主総会の特別決議による（法238条2項、309条2項6号。株主総会の特別決議によって募集事項の決定を取締役または取締役会に委任可。法239条）。

　他方、株主割当ての場合、新株予約権を株主が所有する株式数に応じて割り当てるには、公開会社では取締役会の決議（法241条3項2号）、非公開会社では株主総会の特別決議を要する（法241条3項4号、309条2項6号。定款規定により取締役会に委任可。法241条3項2号、277条）。

　新株予約権の発行は、公正な評価額を要する。例えば、ブラック・ショールズモデルを使用した算出がある。新株予約権の発行価額が、特に有利な発行価額であるとして発行差止めの対象となる。

2　新株予約権を利用した事業承継の事例

　新株予約権を利用した事業承継の事例として、以下のケースが考えられる。前提条件として、P会社は非公開会社であり、現代表取締役Aは高齢となり、子息BまたはCに事業承継を考えている。持株数（議決権割合）は、Aが700株（70％）、Bが200株（20％）、Cが100株（10％）である。

(1) 新株予約権の無償付与

　後継者に、会社が新株予約権を無償付与するのである。例えば、P会社が、後継者予定のBに対し無償で新株予約権100個を付与する。新株予約権1個により、普通株20株に転換できるとする。数年後、BがP会社の後継者として経営に関与できるくらいに育ったため、Bは新株予約権を行使する。新株予約権の譲渡は禁止されている。その結果、持株数（議決権割合）は、Aが700株（23.3％）、Bが2,200株（73.3％）、Cが100株（3.3％）となる。

VI 新株予約権と事業承継

　当初、P会社および現代表取締役AはBに対し、P会社株式を譲渡・贈与しないで、新株予約権を無償でBに付与する。Bが買取資金または納税資金が負担できていない、または経営者として未熟な場合、このようなスキルは有用である。新株予約権の発行のため株主総会の特別決議を要するが、現代表取締役Aが当該議決権を有するため、新株予約権付与は可能である。

　Bが後継者としての意思がなくなった場合、権利行使期間内に新株予約権を行使しなければ、新株予約権は消滅する。他方、Bが新株予約権の行使後であっても、依然として、Aが保有している株式を、誰にどのように譲渡し、対価となる資金手当てをどうするのかという問題は残る。

(2)　給与報酬として新株予約権を付与

　後継者に、給与報酬として新株予約権を付与するのである。上記の事案では、後継者予定のBに対し給与報酬として無償で新株予約権100個を付与する。1回の給与報酬として、または、何年かにわたり付与する。Bが買取資金または納税資金が準備できた場合など、新株予約権の権利行使をする。

　Bに対する新株予約権の付与における課税時期は、付与時ではなく、権利行使時に経済的利益として、株式の時価と権利行使価額との差額が累進税率により給与所得として課税される。

(3)　取得条項付新株予約権を付与

　後継者に、取得条項付新株予約権を付与するのである。取得条項付新株予約権とは、新株予約権について、株式会社が一定の事由が生じたことを条件としてその新株予約権を取得することができるものである（法236条1項7号イ、273条1項）。対価として、株式など金銭以外も可能である。

　前記の事案では、後継者予定のBに対し無償で取得条項付新株予約権100個を付与する。取得事由は、例えば、現代表取締役Aの死亡とする。取得条項付新株予約権の取得対価を株式とすれば、新株予約権の行使を強制するのと同様の効果が得られる。すなわち、代表取締役Aの死亡を原因として、P会社は強制的に新株予約権を取得し、対価として後継者BにP会社株式を交付するのである。

　後継者Bは、新株予約権を行使することにより、旧代表取締役Aが有していたP会社が誰に相続されても、P会社の支配権を有することができる。

問題点として、後継者BはA社株式の取得資金を心配する必要がないが、P会社は取得事由が発生するまでに、自己株式を保有していなければならない。P会社自身に自己株式の取得資金を要する。

(4) 取得請求権付新株予約権の付与

取得請求権付新株予約権とは、新株予約権者が株式会社に対し、新株予約権の取得を請求することができる新株予約権である。取得請求権付新株予約権の内容として、新株予約権者が請求できる旨、株式会社はその取得請求権付新株予約権を取得するのと引換えに新株予約権者に交付する対価の内容を定めておくことができる。取得請求権付新株予約権の明文規定はないが（法236条1項）、禁止はされていない。

後継者Bは、P会社に取得請求権を行使しないで、新株予約権だけを行使する。そして、その行使の対価として権利行使額を支払い、P社株式を取得する方法、P会社に対し取得を請求して取得請求権付新株予約権と引換えにP社株式の交付を受ける方法がある。

Ⅶ　今後の課題

　種類株式の活用はコストを抑えて事業承継を円滑に行なう手法として期待される。例えば、現オーナー経営者に複数の子息がいるようなケースにおいて、相続前にあらかじめ完全無議決権株式を取得した現オーナー経営者から、遺言等に基づき議決権を有する株式を後継者に相続させ、完全無議決権株式を非後継者に相続させるのである。

　事業承継の円滑化の観点からは、後継者の納税負担が問題となる。会社法は、株式等に関する規定の大幅な見直しが行われた。それが、中小企業の事業承継における活用に生かされるためには、税法上の手当てが必要である。また、種類株式を活用するにしても、節税を念頭におきながら、事業承継を検討すべきである。

第4部　相続人等に対する売渡請求

I 売渡請求権の行使

1 概説

　株式会社は、定款の規定により、相続または合併等の一般承継によって取得された株式（譲渡制限株式に限る）を取得した者に対し、当該株式を当該会社に売渡請求を行うことが可能である（会社法（以下、「法」という。）174条）。
　相続人に対する売渡請求については事業承継対策として有効であるとの指摘がある。なお、遺贈については、特定承継となるため、会社側の譲渡承認の有無で対応することとなる。

2 利用例

　相続に先立ち、相続その他の一般承継によって取得された譲渡制限株式について、会社が売渡請求できる旨を定款で定める。そして、事業に携わらない者が相続によって取得した株式に対し売渡請求を行うことで、株式の分散を防止することが可能となる。

3 手続

　相続人に対し、会社が自己株式の売渡請求をするためには、以下の手続を要する。
　① 定款を変更して、株式の売渡請求ができる旨の定めを置くための株主総会の特別決議（法466条、309条2項11号）をする。
　② 売渡請求を行う都度、売渡請求をする株式数、株式の種類・種類ごとの数、売渡請求の対象となる者を決定するための株主総会の特別決議（法175条1項、309条2項3号）をする。なお、売渡請求をされる者は、当該株主総会で議決権行使できない（法175条2項）。
　③ 発行会社および売渡請求の対象者との間で、売買価格の協議（法177条

第4部　相続人等に対する売渡請求

1項）をする。協議が成立しない場合、裁判所に価格決定の申立てができる（法177条2項）。

Ⅱ　売渡請求権の問題点

1　財源規制

　会社は自己株式につき、剰余金分配可能額を超える買取りはできない。相続が発生した時点の会社の決算状況によって、相続人に対する売渡請求が行えない場合がある（法461条1項5号、465条1項7号）。

2　請求期限

　売渡請求および価格協議が不成立時における裁判所への売買価格決定の申立てには、請求期限がある。売渡請求は、相続等があったことを知った日から1年以内である（法176条1項）。裁判所への売買価格決定の申立ては、売渡請求の日から20日以内である（法177条2項）。

3　後継者に対する売渡請求

　現オーナー経営者から後継者への相続株式について、売渡請求が行われる可能性がある。売渡請求の対象者は、株主総会で議決権を行使することができない。そのため、少数株主の決議で売渡請求が行われるおそれがある。

第5部　株式の評価

I　問題の所在

　株式の評価は、募集株式の払込価額の算定（会社法（以下、「法」という。）199条3項）、募集株式の差止請求（法210条）、不公正な払込価額における引受人の責任追及（法212条）、などにおいて問題となる。これらは、主として訴訟上、争われる論点である。

　他方、非訟事件ではどうか。事業譲渡（法467条1項）、定款変更による株式譲渡制限の定めの設定（法309条3項1号、116条）、合併契約書の承認（法748条、792条、794条、803条）に係る株主総会議案において、反対の意思表示をした株主は、会社に対し、自己の有する株式を買い取ることを請求できる（法469条1項、116条1項、785条1項、797条1項、806条1項）。また、譲渡制限株式の譲渡承認を拒絶された株主は、自己の有する株式を会社または指定買取人に買取請求をすることができる（法140条）[40]。

　これら買取金額は「公正な価格」によるが、当事者間の協議が調わないときは、裁判所に対し、売買価格の決定を申し立てることができる。

　株式の評価方法は、会社の収益力および財務状態など、複雑な要因から決定する。上場会社の株式は、多くの市場参加者の判断が集約されて、市場価格が形成される。市場価格とは、取引相場に基づく価格である。

　他方、譲渡制限株式の買取価格は、当事者間の協議により決せられ、株主と会社または指定買取人との間で売買価格の協議が調わないときは、裁判所に請求して価格を決めてもらうことになる（法144条3項、470条2項、786条2項、798条2項、807条2項）。しかし、当事者および裁判所が、専門家に株式評価の鑑定依頼をして決することになり、鑑定合戦となることが少なくない。そこで、学説および判例を検討し、株式評価の各方法の問題点を考察する。

---

[40]　定款に株式の譲渡制限を定めた会社において、会社が株主または取得者の譲渡等の承認をせず、他の譲渡の相手方を指定した場合、指定買取人が売渡請求を行使すれば、株主と指定買取人との間に売買契約が成立する（法141条、142条）。

第5部　株式の評価

Ⅱ　株式の評価が問題となる状況

1　客観的評価

　株式の評価は、複雑な要因により決定される。例えば、会社の収益力、財務状態、会社の純資産額、収益率、配当率、事業の将来性、株主の持株割合、会社支配の関係などである。
　上場会社の株式は、これらの要因に対する多くの市場参加者の判断が集約されて株価が形成される。
　客観的評価として、上場会社の株式は、金融商品取引所が公表する相場（株式の市場価格）がある。非上場会社の株式には、そのような指標はない。
　会社は他社が発行した所有株式を評価する場合、貸借対照表に資産として計上する。原則として、取得価額を付けるが（法432条）、市場価格のある株式は、時価で評価してよい。また、時価と取得価額の低い方をつけてもよいが、時価が著しく低く取得価額まで回復する見込みがなければ、時価による評価を強制される。
　株主総会において事業譲渡または合併などに反対する株主が株式買取請求権を行使した場合、会社に公正な価額で自己株式を買い取ってもらうことができる。しかし、不利な条件の合併などが市場価額の下落要因ともなるため、その影響を受ける前の市場価額を重視して買取価額が決められる。

2　評価の局面

　会社法において、裁判所が株価の価格を決定する場合、以下の2つが考えられる。
　①　反対株主の株式買取請求に係る株価の価格　　イ）事業の譲渡・事業の賃貸・事業の経営委任・事業の譲受等（法467条1項）、ロ）定款の変更による株式譲渡制限の定めの設定（法116条、309条3項1号）、ハ）合併契約書の承

認（法748条）、などに関する株主総会で、あらかじめ反対の意思を書面で通知し、かつ総会において反対をした株主は、会社に対し、自己の有する株式を買い取ることを請求できる（法469条1項、116条1項、785条1項、797条1項、806条1項）。

②　譲渡制限株式の売買価格の決定　　定款により、株式譲渡制限の定めをしている会社において、会社が株主からの株式譲渡の承認請求または株式取得者からの取得承認請求を拒否し、会社または指定買取人が買取りの請求をした場合、当事者間で株式の売買契約が成立する（法141条、142条）。

上記①および②において、買取価格は、株主と会社または指定買取人との協議により決せられるが、協議が調わないときは、株主または会社の請求により、裁判所が当該価格を決定する。

3　株式買取請求に係る株価の価格

事業譲渡または合併等をする場合、反対株主は、事業譲渡等をする株式会社に対し、自己の所有する株式を「公正な価格」で買い取ることを請求することができる[41]。

価格の算定については、例えば、組織再編行為の効力が生じた時の「時価」とすれば、対象となる株式が相場操縦されることも考えられる。しかし、株主が買取請求権を行使する場合、合併による企業価値の増加が適切に反映した公正な価格による株式の買い取りを望む。合併決議がなければ有していたであろう価格ではない。会社法は、株式の公正な価格を強調する必要があり、「公正な価格」と規定した。

4　譲渡制限株式の売買価格

譲渡制限株式の売買価格は、譲渡等承認請求の時における株式会社の資産状態その他一切の事情を考慮しなければならない（法144条3項）。会社の資産状態その他の一切の事情とは、株価形成と影響のある要素に限定する。

---

(41) 旧商法は、株式の買取価格に関し、「（組織再編行為に係る）総会においてこれに反対したる株主は会社に対し自己の所有する株式を『決議なかりせば』その有すべかりし公正なる価格」と規定していた（旧商245条ノ2第1項）。

第5部　株式の評価

決定されるべき株式の評価は、簿価または清算を前提とする処分価額ではなく、株式の交換価値である[42]。そのため、株式の売買価格の決定に際しては、具体的には、会社の純資産額、収益性、配当率、事業の将来性、株主の持株割合、会社支配の状態などの事情が考慮される。

5　取引相場のある株式の価格

取引相場のある株式とは、上場株式および気配相場等のある株式である（国税庁「財産評価基本通達」168）。取引相場のある株式の価格は、市場において形成された株価が、交換価値となる。

上場株式の評価は、つぎの①から④のうち最も低い価額による。① 課税時期の最終価格、② 課税時期の属する月の毎日の最終価格の月平均額、③ 課税時期の属する月の前月の毎日の最終価格の月平均額、④ 課税時期の属する月の前々月の毎日の最終価格の月平均額、である。

判例では、合併計画の公表後、株式を取得した株主が株式買取請求をした場合、当該買取価格は合併を前提とした価格によるべきであり、取得時の価格を超えることはできないとする[43]。

6　取引相場のない価格

取引相場のない株式の価額評価は、相続税および贈与税の課税上、会社の事業規模に応じて、次のようになる（国税庁「財産評価基本通達」168）。

第1に、その株主が同族株主等、それ以外の株主のいずれかであるかを判定する。第2に、会社規模として、その会社が大会社、中会社、小会社のいずれかであるかを判定する。第3に、その会社が特定の評価会社に該当するかどうかを判定する。第4に、これらの判定に基づいて、各区分に応じた評価方式を適用する[44]。

① 　一般の評価会社の株式
イ）大会社は、類似業種比準方式（純資産方式も可）、ロ）中会社は、類似

---

[42] 山口和男『会社訴訟・非訟の実務（改訂版）』(2004年、新日本法規) 257頁。
[43] 東京地決昭和58年10月11日（判タ515号159頁）。
[44] 金子静夫編『株式評価』(2004年、納税協会連合会) 10頁。

Ⅱ　株式の評価が問題となる状況

業種比準方式と純資産方式との併用（純資産方式も可）、ハ）小会社は、純資産方式（類似業種比準方式と純資産方式との併用方式も可）。

②　同族株主のいる会社の非同族株主が取得した株式の評価は、配当還元方式である。

7　持分会社の払戻持分

合資会社など、持分会社の社員の退社による払戻持分の計算はどうか。当該計算は、退社当時の会社財産の状況に従ってなされる（法611条1項・2項）。旧商法では、会社の内部関係に関する事項として組合に関する民法の規定が準用され（旧商147条、同68条）、「脱退の時における組合財産の状況」（民681条1項）に従って行われた。

合資会社に関する社員の退社による払戻持分の計算が問題となった判例は、名古屋高判昭和55年5月20日（判時975号110頁）がある。名古屋高裁は、会社財産の評価は帳簿上の価額でなく、「会社としての事業の継続を前提とし、なるべく有利にこれを一括譲渡する場合の価額を標準とすべきものと解すべきであり、時価以下の過少評価を許すべきでない。」と判示した。

合名会社の退社員の払戻持分の評価に関する裁判例も、同様の立場である[45]。

人的会社に関するこれらの裁判例はいずれも、中小企業等協同組合法に基づく事業協同組合の脱退組合員の払戻持分の評価に関する最高裁判例（最判昭和44年12月11日（民集23巻12号2447頁））に従うものである。

人的会社の退社員の払戻持分の計算は、会社財産の一部清算である。そして、貸借対照表上の財産評価は、営業の存続を前提とする営業価格による。その営業価格の評価は、帳簿価格ではない。原始取得した無体財産権および事実的財産を、評価計上することも許される[46]。

そのため、合資会社の有限責任社員の退社による払戻持分の評価方法は、

---

[45]　神戸地判昭和61年8月29日（判時1222号135頁）、名古屋地判昭和62年9月29日（判時1264号128頁）。
[46]　出口正義「合資会社有限責任社員の退社による払戻持分額の評価方法」判時1555号224頁。

第5部　株式の評価

「純資産方式すなわち営業の存続を前提とする、営業価格によるべき」とするのが通説的見解であった[47]。

---

(47) 合資会社の社員退社に伴う払戻持分額の評価が問題となった事件において、東京地裁は、つぎのように判示した。第1に、合資会社の持分を評価するにあたり、ディスカウント・キャッシュ・フロー方式（収益方式）と清算的時価純資産方式を併用し、6対4の割合で加重平均して算出する。第2に、清算的時価純資産方式により評価する場合、清算所得に対する法人税法等の控除を行うべきである。第3に、清算的時価純資産方式により評価する場合、バブルにより騰貴した不動産価格から、一律にバブル部分を控除すべきではない（東京地判平成7年4月27日（判時1514号130頁））。

Ⅲ　株式の評価に係る問題点

1　問題点

　定款で譲渡を制限された株式について、会社が株主の請求による他者への譲渡を承認しない場合、会社自身または別の買取人を指定して、当該株主と買取人との間で売買価格を協議する。これが不調に終わった場合、裁判所に申立をして株式の売買価格を決めてもらうことになる。非上場会社の場合、裁判所は専門家鑑定を参考とするが、売主側と買主側の鑑定意見に大きな差異があることが多く、当事者がいかに説得力のある主張ができるかである。

　株式評価の算定方式には、類似業種比準方式、純資産方式、収益還元方式、配当還元方式がある。これらは、相続税、贈与税および法人税法の課税評価上、頻繁に用いられている。私人間の争いにおいて、会社の事業規模・資産の大小、株主の会社に対する支配力の大小などに応じて、概して類似業種比準方式、純資産方式、収益還元方式、配当還元方式を単一ではなく、併用して適用している。

　株式の評価においては、会社資産に対する持分の性格、および譲渡性の低い株式であることなど、様々な要素が株価を評価するうえで勘案される。会社に利益が発生しても、その利益が株主にすべて配当されるわけでない。会社内部に利益金その他として留保される部分が多く存するであろう。利益が留保されることで純資産価額は高くなり、逆に配当還元価額が低くなる。

2　考慮される要素

株式・持分評価において考慮される要素として、つぎのことが指摘できる。
① 　利益（増減の原因と今後の予測等）。
② 　収益の構造（主要取引先からの収益状況、分野別の収益、事業の安定性、経済活動による収益と不動産等の資産からの収益の比率、支出の内訳、経費増大の可能

第5部　株式の評価

性、借入資本と金利等)。
③　会社の規模、資産の特性・価値の騰貴率および下落率、事業継続を前提としているか、経営上のノウハウ・知名度。
④　会社を解体すれば、どの程度の残余財産が分配できるか。
⑤　事業の特殊性はどうか。
⑥　会社の将来予測（将来的価値の増減予測、遊休資産の売却予定、将来における上場の具体的可能性、借入の増大の可能性等)。
⑦　雇用関係・状況（雇用契約の内容、経費に占める人件費の割合、従業員数の多さは株式評価にあたり、株式価値を高める等)。
⑧　どうしても、役員、株主の地位を離れ、株式を売却したいのか。
⑨　利益配当（過去・現在の具体的金額、配当政策、将来予測等)。
⑩　買取人の株式取得後の状況（買取人の持分比率の変動、支配的株主となるのか等)。
⑪　株主兼役員の地位・報酬、会社を支配できていたか（代表権、持分比率との関係等)、役員報酬を何年に渡り得ることができたか、などである。

Ⅳ　株式の評価の算定方式

1　類似業種比準方式

(1)　概　　念

　類似業種比準方式は、上場する2つ以上の標本会社の株価、純資産、配当額、収益などを比準材料として、評価対象会社の株式を評価する。会社が事業継続（ゴーイング・コンサーン）することを前提とする[48]。

(2)　算定方式

　類似業種比準方式は、上場されている類似業種会社の株価平均（3ヵ月間の最低株価）を基本にして、評価会社と類似業種会社の1株当たりの配当価額、1株当たりの年利益額平均、1株当たりの純資産額平均を比較して求めた比準割合を乗じる。そして、流通性が劣ることから一律に3割減額する[49]。

---

[48] 大野正道編『中小企業のため事業承継の法務と税務』（1995年、税理経理協会）212頁。
[49] 類似業種比準＝A×〔b／B＋c／C×3＋d／D〕×1/5×0.7
　　A＝類似業種の株価
　　b＝評価会社の直前期末における1株当たりの配当金額
　　B＝課税時期の属する年の類似業種会社の1株当たりの配当金額
　　c＝評価会社の直前期末以前1年間（または2年間の平均）における1株当たりの利益金額
　　C＝課税時期の属する年の類似業種会社の1株当たりの年利益金額
　　d＝評価会社の直前期末における1株当たりの純資産価額（帳簿価額によって計算した金額）
　　D＝課税時期の属する年の類似業種会社の1株当たりの純資産価額（帳簿価額によって計算した金額）
　　0.7＝斟酌額

(3) 問 題 点

類似業種比準方式の問題点として、つぎのことが指摘できる。

第1に、課税技術上の観点に立つものであり、私人間の個別具体的な利害対立下での公正適正な価格算出に困難である。

第2に、各会社の特殊性・固有性・成長性から、直ちに類似比較はできないという指摘がある。しかし、このことはどの方式を採った場合でも生ずる問題であり、類似業種比準方式に固有の問題とはいえない。

第3に、評価対象会社が上場会社に匹敵する規模ではない場合、非公開会社において実際の売買事例として参考となる2つ以上の標本会社の株式評価を見出すことは困難である。

第4に、標本会社、比準業種を選定し、その評価しようとする会社が2種以上の事業を営む場合には、各比準会社あるいは比準業種の各指標を比率に応じ勘案し、総合評価するプロセスを踏む。そのため、当該問題は相当程度解決されると思われる。比準業種の選定は、その業種に国税庁がどの会社のデータを織り込んでいるかを調べる必要がある。

第5に、類似業種比準方式では、純資産、配当、収益を考慮する。しかし、3つの比準要素（このうち3つまたは2つ）がゼロなどの場合には、評価が困難であり、この方式を採る限界だろうと思われる。

2 純資産価額方式

(1) 概 念

純資産価額方式は、同族株主のいる会社において、同族株主の株式を取得した場合、観念的に会社を清算および解体すれば、どの程度の残余財産を分配できるかを検討する。いわゆる残余財産分配型である。解体価値は、精算所得を算定する。精算所得に対する法人税等相当額は控除しない。類似業種比準方式を採用するに際し、2つ以上の標本会社という株式の価額指標がない場合、純資産価額方式は有用である[50]。

---

(50) 人的会社たる合名会社・合資会社の持分払戻に係る事件では、純資産価額方式が多数、採用されている。例えば、最判昭和44年12月11日（民集23巻12号2447頁）、名古屋高判昭和55年5月20日（判時975号110頁）、神戸地判昭和61年8月29日（判時

IV 株式の評価の算定方式

　純資産価額方式は、純資産簿価方式、純資産時価方式、純資産処分価額方式に分けることができる。
　第1に、「純資産簿価方式」は、簿価という会計帳簿上の記録に基づく。
　第2に、「純資産時価方式」は、個々の資産の再取得価格（再調達価格）の総計である。会社が一体として、他の経済主体に移転され、再びそこで使用されると仮定した場合、当該会社が現状の姿で新たに設立されるとすれば、どの程度の自己資本の価額を必要とするかを示す。
　第3に、「純資産処分価額方式」は、会社が解散したと想定して、個々の資産を処分する場合の売却価額である。
　課税が問題となっているのではなく、私人間の個別具体的な利害対立下においては、貸借対照表の資産および負債の各項目を再検討することになる。すなわち、株式の評価額を下げたい場合、資産の部をより低く、負債の部をより高くできるかを検討する[51]。

(2) 算定方式

　純資産価額方式は、「観念的に」会社を清算解体すれば、どの程度の残余財産を株主に分配できるかを検討したうえで、株式の評価に反映させるのである。純資産価額方式を採用する場合、純資産簿価方式によるべきではない[52]。

　　　1222号135頁）、名古屋地判昭和62年9月29日（判時1264号128頁）。
(51) 役員報酬額と株式評価について、小規模企業では代表取締役社長が持ち株を手放し、同時に役員も辞任するといった場合、今まで得てきた、あるいは代表取締役社長を続ければ得るであろう役員報酬額および退職慰労金の額を譲渡株価評価に加味することが考えられる。しかし、この議論では妥当な株式評価はできない。役員報酬の額は、その時点その時点でそれぞれその役員としての役務対価として相当な額であったのであれば、それが純資産価額形成に及ぼした影響は、そのまま評価して、特に調整を加えることはすべきでない。過去の役員報酬額が過小だったから株式評価を高めることは不適切である。株式の買主側が同意すれば株式評価において、多少のプラス・アルファがありうるであろう。また、退職慰労金の額は、その役務提供の対価、過去の会社経営上の貢献度などを勘案して相当な額を決定し、純資産価額への影響額を勘案して株価を評価する。
(52) 1株当たりの純資産価額＝(資産の合計額－負債の合計額－{〔相続税評価額による資産の合計額－負債の合計額〕－〔帳簿価額による資産の合計額－負債の合計額〕}×42％)÷発行株式総数。

第5部　株式の評価

課税上は、課税時期において評価会社が所有する各資産の相続税評価額により評価した価額の合計額から、課税時期における各負債の金額の合計額および評価差額に対する法人税額等に相当する金額を控除した金額を、課税時期における発行株式総数（自己株式を除く）で除して求めた金額により評価する方法である（国税庁「財産評価基本通達」185)[53]。

(3) 問 題 点

純資産価額方式の問題点として、当該方式は事業を解体することを前提とすることである。会社が解体を前提としていないなら、継続的企業価値によるべきである。

純資産価額方式は前述したように、純資産簿価方式、純資産時価方式、純資産処分価額方式に分けることができる。これら各方式の問題点を検討する。

第1に、「純資産簿価方式」は、会計帳簿上の記録に基づく算定であり、資産の客観的交換価値を正当に表現しているとは限らない。

第2に、「純資産時価方式」における会社の純資産を時価で算定評価することの合理性に対する疑問である。各資産から生ずる収益を評価しないことは、問題であろう。

第3に、「純資産処分価額方式」の問題点として、経営資産は処分価値ではなく、利用価値によるべきであろう。

第4に、「純資産時価方式」および「純資産処分価額方式」では、通常、処分価額が再取得価格より低く見積もられるため、純資産時価方式の方が株式の評価額は、高くなる。「純資産時価方式」にしろ、「純資産処分価額方式」にしろ、株価は、株式の有する客観的交換価値よりも高額となることも生ずる。しかし、会社が継続企業であることを考えると、「純資産時価方式」が全く不適当であると認めることはできない[54]。

純資産時価方式により資産の客観的交換価値を算定し、将来の時価がさら

　　　小会社は、類似業種比準方式と純資産価額方式との併用方式が課税上、認められている。小会社の株式を評価する場合、類似業種比準価額の斟酌率は、50％となる。
(53) 類似業種比準方式と純資産価額との併用方式は、つぎの計算式になる。
　　　1株当たりの評価額＝（類似業種比準方式×0.5×1株当たりの純資産価額×(1－0.5)）。
(54) 大阪地判昭和53年5月11日（行集29巻5号943頁）。

に下落することが見込まれるなどの要因を純資産時価方式では織り込めない場合、純資産処分価額方式により調整する必要がある。純資産方式を採用するにしても、時価および実体の価値（例えば、処分すればいくらになるか）を算出して、株式評価に反映させるべきである。

3 収益還元方式

(1) 概念

収益還元方式は、1株当たりの課税後、純利益を資本化率で還元する。この方式は、将来当該会社にもたらされる利益が、当該会社の株式価値を決定するという考えに基づく。将来の見込みをどのように評価するか、である。

資本化率の還元とは、将来得られると予想される金銭（リターン）をリスク勘案し、一定の割引率で還元するものであり、元本としての株式の評価である。

当該方式では、株式の売買当事者が、配当額よりも企業利益そのものに関心を有している属性の者であるかが問われる。また、資産中に不動産の投機的高値（バブル）部分を多く含むなど、継続企業価値が収益力を超えて過大評価されるおそれがある場合、それを避けるために収益方式が考慮される[55]。

そこで、収益還元方式において考慮される要素として、つぎのことが指摘できる。

① 経営支配株主か、非支配的株主か。② 企業利益そのものに関心を有している属性の当事者か。③ 売上増減の具体的見込みはあるのか、上下方修正等の必要性と具体的数値。④ 収益構造、事業の安定性、人件費増加の具体的数値。⑤ 事業の特異性、⑥ 対契約の企業および契約過程上の問題点、

---

[55] 判例によれば、東京地裁は、バブル地価を株式の評価において、積極的に反映するつもりはないとしながらも、「バブル地価といえども当時の市場の実勢を反映した一般的通有性をもっていたものであり、当時の不動産価格算定に際し、バブル崩壊後の今日から見て価格の一定部分がバブル部分であったとしても、その一律の減価はかえって取引社会の公正さを害する。」としている（東京地判平成7年4月27日（判時1514号130頁））。バブル部分の一律減価は不公正であるが、収益方式によるバブル部分の完全排除は公正とまではいえない。

第5部　株式の評価

契約のリスク。⑦引当金（退職給与引当金など）の未計上、現金支出の増大が高い可能性で見込まれるか。⑧社会保険料・消費税等の負担増大の見込み。⑨同業他社との競争状況、売上増減・得意先の増減と信用力、などである。

(2) 算定方法

収益還元方式は、1株当たりの課税後、純利益を資本化率で還元する。収益還元方式は、株式の発行会社のこれまでの収益を参考としながら、将来当該会社にもたらされる利益が、発行会社の株式の価値に影響を与えるという考えに基づく。将来の収益見込みの増減を、株式の評価に補充的に反映させるのである。

(3) 問題点

収益還元方式の問題点として、つぎのことがいえる。第1に、会社の収益見込みについて、相当にマイナスまたはプラスとなることが確実であるのか。不確実要素に依存している。

第2に、どのような収益を、どの位の期間続くものと予測するのか。また、それを何％で割り引くのか。

第3に、資本還元率のわずかな差によって評価額に大きな違いが出ることになる。そのため、用いる指標に合理性がなければならない。

第4に、利益が配当されると、すべてその自由になる支配株主の有する株式の評価については意味を有するが、非支配株主の有する株式の評価には適切ではないのではないか。

技術力などは特許等の知的財産権の残存年数、人材の活動余命などを勘案することになる。しかし、実際問題として、売買当事者間でどこまで株式の評価に合意できるものかは、難しい。

4　配当還元方式

(1) 概念

配当還元方式は、株式構成のうち配当金に着目し、今後、どのような配当を得ることができるのかという観点から株式を評価する。期待できるのは配当しかないという配当期待型である。会社の資産および収益状況は考慮され

ない。

　比較的簡易に評価できる反面、現実の利益配当が不当に低い場合、他の方式を斟酌することになる。

　配当還元方式において考慮される要素として、つぎのことが指摘できる。

　第1に、配当政策である。将来的な配当政策はどうか。

　第2に、配当期待である。安定的な期待が見込めるか。売主が支配株主かどうか。考えられる株式保有のリスクはどうか。

　第3に、配当の特殊要因である。特殊要因はあるのか。特定年度に記念増配をしたかなど、特殊要因を除く必要がある。

(2) 算定方式

　同族株主以外の株主等の取得した株式（国税庁「財産評価基本通達」188）は、特例的方式である配当還元方式により評価される[56]。

(3) 問題点

　配当還元方式における問題点として、つぎのことが指摘できる。

　第1に、株価の評価要因として、純資産および収益などを考慮しないことである。同族会社においては概して、利益の多くが社内に留保され、利益の増加が直ちに配当の増加につながることは少ない。そのため、株式構成のうち配当金に着目し、会社の資産および収益状況を考慮しないことは、株式を評価する客観性の維持に疑問が残る。

　第2に、将来の配当期待の長期予測が困難であることである。

　第3に、株主が役員の場合、利益配当ではなく、役員報酬または役員に付随する有形・無形の役得を考慮する必要はないのか。配当期待権しかないのか。

　これらから、現実の利益配当が不当に低い場合、他の方式を斟酌すべきである。

　このように、配当還元方式は、すでに経営者ではない株主が期待できるのは利益配当およびその期待権であるという観点に立つ。

---

[56] 配当還元価額＝(その株式に係る年配当金額÷10％)×(その株式の1株当たりの資本金の額÷50円)。

すなわち、会社がどんな資産をどれ位保有し（純資産価額）、どのような収益性がある経営（収益性、収益力等）をしているかといった背景よりも、「いくらの利益配当という投資リターンがあるのか」が株主にとって究極的に関心のある。そこで、それに着目し、かつそれを基礎にして、投資回収の見地から株式を還元評価しようとするものである[57]。

5　税法上の株式評価

(1)　取引相場のない株式の評価

取引相場のない株式の評価は、原則的評価方式として、① 純資産価額方式、② 類似業種比準方式、③ 前記各方式の併用方式がある。また、特例的評価方式として、配当還元方式がある。

いずれの方式を採用するのか、併用方式とするのかは、会社の規模により、大会社・中会社・小会社により異なる。これら会社判定は、業種・純資産価額・従業員数・取引金額によって決まる。

(2)　各評価方式の検討

税法上の株式評価として、各方式を概観すれば、第1に、純資産価額方式は、課税時期において会社を清算した場合、1株当たりの純資産価額を算定する。土地および有価証券等は時価評価し、評価差額（含み益）に対し、法人税額等の42％の控除を求めることができる。

第2に、類似業種比準価額方式は、配当金額・年利益金額・純資産価額の3要素に基づき、これを類似業種の価額と比準して求める。

第3に、配当還元方式は1株当たりの資本金等の額を50円に換算し、配当金額が2円50銭未満または無配の場合、2円50銭とする。年配当金額は、2年の平均で算出し、特別配当および記念配当等を含まない。

---

[57]　配当還元方式を応用したゴードン・モデルがある。配当還元方式の要素に基づき、① 会社の成長性、② 会社の収益構造、③ 自己資本からの利益と借入資本からの利益、④ 借入金利の負担、⑤ 対象株式の特性およびリスクを考慮するものである。

6 筆頭株主グループの議決権割合基準

(1) 議決権割合が50％超かつ同族株主のいる会社

① 納税義務者を含む同族関係者グループの議決権が50％超かつ同族株主等のいる会社

イ）納税義務者の取得後の議決権割合が５％以上の場合
原則的評価方式となる。

ロ）納税義務者の取得後の議決権割合が５％未満の場合
以下の各a〜cにおいては、原則的評価方式となる。

　　a．同族株主の中に中心的な同族株主がいない場合。
　　b．同族株主の中に中心的な同族株主がいる場合であり、かつ、納税義務者が中心的な同族株主に該当する場合。
　　c．同族株主の中に中心的な同族株主がいる場合であり、かつ、納税義務者が中心的な同族株主に該当しない場合であり、かつ、納税義務者が役員または法定申告期限までの間に役員となる者である場合。

ハ）納税義務者の取得後の議決権割合が５％未満であり、以下のa〜cの要件を全て満たすのであれば、特例的評価方式となる。

　　a．同族株主の中に中心的な同族株主がいる場合。
　　b．納税義務者が中心的な同族株主に該当しない場合。
　　c．納税義務者が役員または法定申告期限までの間に役員とならない場合。

② 納税義務者の取得後の議決権割合
50％未満であり、かつ、同族株主等以外の株主の場合、特例的評価方式となる。

(2) 議決権割合が30％以上50％以下かつ同族株主のいる会社

① 納税義務者を含む同族関係者グループの議決権が30％以上かつ同族株主等のいる会社

イ）納税義務者の取得後の議決権割合が５％以上の場合
原則的評価方式となる。

ロ）納税義務者の取得後の議決権割合が５％未満の場合

以下の各a～cにおいては、原則的評価方式となる。
　　a．同族株主の中に中心的な同族株主がいない場合。
　　b．同族株主の中に中心的な同族株主がいる場合であり、かつ、納税義務者が中心的な同族株主に該当する場合。
　　c．同族株主の中に中心的な同族株主がいる場合であり、かつ、納税義務者が中心的な同族株主に該当しない場合であり、かつ、納税義務者が役員または法定申告期限までの間に役員となる者である場合。
ハ）納税義務者の取得後の議決権割合が5％以上の未満であり、以下のa～cの要件を全て満たすのであれば、特例的評価方式となる。
　　a．同族株主の中に中心的な同族株主がいる場合。
　　b．納税義務者が中心的な同族株主に該当しない場合。
　　c．納税義務者が役員または法定申告期限までの間に役員とならない場合。
②　納税義務者の取得後の議決権割合
30％未満であり、かつ、同族株主等以外の株主の場合、特例的評価方式となる。

(3) 議決権割合が30％未満かつ同族株主のいない会社

①　納税義務者を含む同族関係者グループの議決権が15％以上かつ同族株主等のいる会社
イ）納税義務者の取得後の議決権割合が5％以上の場合
原則的評価方式となる。
ロ）納税義務者の取得後の議決権割合が5％未満の場合
以下のaおよびbにおいては、原則的評価方式となる。
　　a．同族株主の中に中心的な同族株主がいない場合。
　　b．同族株主の中に中心的な同族株主がいる場合であり、かつ、納税義務者が役員または法定申告期限までの間に役員となる者である場合。
ハ）納税義務者の取得後の議決権割合が5％以上の未満であり、以下のaおよびbの両要件を満たすのであれば、特例的評価方式となる。
　　a．同族株主の中に中心的な同族株主がいる場合。
　　b．納税義務者が役員または法定申告期限までの間に役員とならない

場合。
②　納税義務者の取得後の議決権割合
15％未満であり、かつ同族株主等以外の株主の場合、特例的評価方式となる。

第 5 部　株式の評価

V　判　例

　譲渡制限株式の評価を考察するうえで、東京地判平成 7 年 4 月27日（判時1514号130頁）および大阪高決平成元年 3 月28日（判時1324号140頁）を検討する。東京地判平成 7 年 4 月27日は、「合資会社の社員退社に伴う払戻持分額の評価」に関する事例であるが、当該判例は、譲渡制限株式の評価に多大の示唆を与えるものである[58]。

---

(58) 京都地裁平成20年 5 月16日決定事件（公刊判例集未搭載）。
　　本件は、同じ経営者一族の会社であるA会社（以下、A事件）およびB会社（以下、B事件）の各譲渡制限株式について、その評価方法が問題となった。A事件では、京都地裁は普通株式および劣後株式の評価に差異を設けた。B事件では、同時期に買取りを請求した元従業員株主（元取締役）の株式評価について、同族株主の株式とは異なる評価をした。

(1)　A事件の株式評価
① 　株式の評価方法
　A事件株式の評価方法について、京都地裁は、以下のように決定する。すなわち、「個々の不動産を中心とする静的な資産価値の総体（純資産価値）と、不動産の有効利用を中心とする収益価値（収益還元価値）とは、いわば本件会社の資産価値を異なる側面から評価するものであって、本件でそのいずれかを特に重視すべきものとする理由はないと認められるから、上記純資産価値と収益還元価値を 5 対 5 の割合で考慮すべきものとしたC鑑定は相当といえる。」として、時価純資産方式および収益還元方式を併用している。
② 　精算所得税の控除について
　時価純資産方式を採用する場合、精算所得税を控除するかが問題となる。京都地裁は、以下のように決定する。すなわち、「本件会社は株式会社であって、法的には人的会社や組合などとは異なるものの、本件会社のように、少数の同族支配株主が株式を保有している閉鎖会社においては、第三者に株式を自由に譲渡して投下資本を回収することはもともと想定されておらず、実際には、他方の支配株主かその支配下にある者に対する譲度しか考えられないから、その実態は、実質的共有状態にある人的会社や組合において、その一部の共有者（社員）が共有関係から離脱する場合と類似しており、上記株式譲渡は、いわば清算の一部前倒しとしての実質を有していると理解することができる。この実質関係を前提とすれば、株式の譲渡価格の評価においては、

実際に清算手続を行った場合に取得できる金額、すなわち精算所得税を控除した残額とみるのが、その実態に沿うものと考えられる。
　また、本件のように、少数の支配株主相互間で株式譲渡がされる場合、譲渡株主は、当該株式の譲渡により当該株式の評価額に見合う現金を取得できるのに対し、譲受株主が当該株式の評価額に見合う現金を入手しうるのは、実際に清算を行った場合しかないのであるから、その両者間の衡平を考えれば、先に現金を取得する譲渡株主の取得額は、清算を行った場合と同じ金額、すなわち精算所得税控除後の金額に限られるものと解するのが相当である。」として、時価純資産方式を採用して株式の評価額を算出するについて精算所得税を控除するのが相当であるとしている。
③　普通株式と劣後株式の評価差異について
　普通株式か、配当および残余財産について劣後する株式かにより、株式の評価に差異をつけるべきかについて、京都地裁は、以下のように決定する。すなわち、「本件各株式のうち劣後株式が、残余財産分配においても劣後性をもつとしても、本件各株式の譲渡時点では、その差異は現実化しておらず、近い将来に現実化する可能性も低いと認められるから、残余財産分配に関する劣後性を考慮せず、配当価値の差異のみを考慮して劣後株式の評価額を算定したC鑑定の手法は、不相当とはいえない。」として、評価に差異をつけている。

(2)　B事件の株式評価
　B事件では、京都地裁は、同族株主間では株式評価に差異を設けていないが、当該同族と同時に買取請求をした元従業員株主（元取締役）Pについては、その株式評価に差異をつけている。すなわち、「申請人Pは、Q家と行動を共にしているが、上記認定の本件会社の歴史や実態に照らすと、同族でない協力者は、会社に対する支配性において大きな隔たりがあるといえるし、申請人らの主張に従えば、従業員株主であっても、Q家……のいずれかと行動を共にすれば、支配株主として認定されることとなり、単独で買取請求権を行使したときとの間で不均衡が生じることから、本件会社においては、両グループの親族か否かで支配権を区別するのが相当である」と決定する。
　他方、株式の評価方法および精算所得税の控除について、京都地裁は、以下のように述べる。すなわち、「非公開会社の株式評価の方式としては、……Aら名義の株式については、時価純資産方式と収益還元方式を併用して、時価純資産価格……、収益還元価格……とし、本件会社が健全な継続会社であって、両方式のいずれかを重視すべき特別の事情がないとして、上記両価格を5対5で加重平均し、……。
　他方、P名義の株式については、申請人Pが発行済株式総数の0.75％を保有するに過ぎない少数株主であることを重視して配当還元価格……を中心としつつ、他方で、同人が取締役に就任し、申請人のグループに属して行動を共にしてきた経緯があることも考慮し、時価純資産価格及び収益還元価格を関連づけて評価することとし、配当還元価格、純資産価格及び収益還元価格をそれぞれ50対25対25の割合で平均加重し、……C鑑定は、一般的な非公開会社の株式評価の手法を踏まえ、前提事実、評価方式の選択、評価の過程および評価の結果のいずれの点においても、適切で合理的な内容

第5部　株式の評価

1　東京地判平成7年4月27日（判時1514号130頁）

(1)　事実の概要

　合資会社Y会社（被告）は、飲食業および結婚式場を営み、上場会社に比肩する経済規模であった。主要資産は、都内に所有する大規模な土地、建物、借地権である。被告Y会社は、定款上その存立期間を定めていない。

　原告X_1～X_4は、Y社の有限責任社員であり、X_1の持分は4,500分の25、X_2～X_4は4,900分の50であった。原告X_1～X_4は、Y会社に対して、平成2年3月16日到達の内容証明郵便により、同年9月30日（営業年度の終わり）をもって退社する旨の意思表示をした。これにより、退社した原告らが旧商法147条・68条（法624条、611条）、民法681条に基づき、持分の払戻しを求めて訴えを提起した。

　払戻持分の評価について、原告らは以下のように主張した。

　第1に、払戻持分の評価は、「脱退の時に於ける組合財産の状況」に従って行うとされているため（民681条1項）、再調達時価に基づく純資産方式（事業の継続を前提として、現状で資産を再調達すると仮定した場合の時価）によるべきこと。

　第2に、純資産方式は清算を前提とするものではないため、精算所得に対する法人税法等の控除は認められないこと。

　第3に、Y会社が所有する不動産価格はバブル崩壊後、下落している。当該不動産価格の下落は、原告らが退社後の事情であるから考慮すべきではなく、退社時の価格を基準とすべきである。

　そこで、払戻持分額として、X_1が11億2,238万4,842円、X_2～X_4は各22億4,476万9,685円を請求した。

　それに対し、被告Y会社はつぎのように主張した。第1に、原告らの退社によっても、Y会社は解散せずに存続し続けるのであるから、持分評価の基

を有しており、格別問題とすべき点はないから、これをそのまま採用して、本件各株式の売買を決定するのが相当である。」

　「株式評価の手法として時価純資産方式を用いる場合に精算所得税を控除すべきか否かという問題があるが、本件では、簿価純資産が時価純資産を上回っているため、この点は問題とならない。」

礎となる企業評価は、資本還元方式が最も一般的であり、そのなかでもディスカウント・キャッシュ・フロー方式（DCF方式。企業が生み出す将来の利益（キャッシュ・フロー）を一定の資本還元率（ディスカウント率）で資本還元して、企業の現在価値を算出する方法）を採用すべきである。

第2に、純資産価額方式を採用する場合、精算所得に対する法人税法等の控除をするのが当然であること。資本還元方式が税引き後の利益を還元するものであることの均衡上からも、租税の控除は不可欠であること。

第3に、原告らの退社時の不動産価格はバブルにより異常に高騰し、不合理・不当なものである。本件土地の評価手法は、バブルの影響を受けやすい取引事例比較法を偏重することなく、土地収益還元法（賃貸収入という収益性に着目）および開発法（開発業者の投資採算性に着目）を重視するべきである。

そのため、払戻持分額は、資本還元方式によれば、X_1が6,092万8,571円、X_2〜X_4は各1億2,185万7,143円であり、純資産方式（バブル部分を排除した時価）によれば、X_1が3,814万5,255円、X_2〜X_4は各7,629万0,510円であると主張した。

(2) 判　旨

請求一部認容。東京地裁は、X_1につき8,889万0,910円、X_2〜X_4につき各1億7,778万1,821円を限度とする請求を認容した。

① 出資持分の評価について　イ）「本件の場合、評価の対象が合資会社の持分という市場性のないものであることから、比準方式は採用の余地がないと思われ、当事者も右方式の適用に必要な事実の主張・立証をしない。配当方式についても、同様に主張・立証がない。したがって、純資産方式、収益方式または両者の併用方式のいずれが妥当かということになる。」

「合資会社の社員が退社する場合、会社自体は継続するから、その払戻持分の評価は、原則として継続企業価値によるべきである。そして、継続企業価値は、収益を生み出す源泉としての企業の価値を評価しようとするものであるから、将来の収益を、直接、評価の基礎に据える収益方式は、収益にとっては間接的な指標にすぎない純資産の額によって企業価値を評価する純資産方式よりも、継続企業の持分を評価する方法として、理論的には優れているといい得る。そして、A鑑定が採用したDCF法は、収益方式の中でも

第5部　株式の評価

最も精緻なものであり、暖簾や知名度、経営上のノウハウ、人的資産等の金銭的に評価し難い要素も評価額に反映できる点等において、優れた手法であるといえる。」

「被告の場合、近い将来に解散する可能性はないし（争いがない）、その経営の実態はどうであれ、企業規模としては上場企業に匹敵するものがあり、清算が容易であると認めるべき理由もない。」「本件の場合、DCF法の採用は妥当であって、収益面で収益方式を不適当とする事情があるとも認められない。また、被告の最も主要な資産は本件土地とその上に存する営業用の建物であって、しかも、原告らの退社当時、右建物は建設途中であった。さらに、後述のように、純資産方式において不動産価格からいわゆるバブル部分を直接控除することは適当でないにしても、資産のバブル部分により継続企業価値が収益力を超えて過大評価されるのをできるだけ避ける必要があることは確かであって、本件のように資産中にバブル部分を多く含んでいる場合には、収益方式をより妥当とすべき事情があるといえよう。」

「本件において、収益方式を不適当とする理由はなく、基本的に右方式を採用するのが妥当な場合にあたると考えられる。ただ、この方式は将来収益の予測という不確定な要素に依存し、採用された資本還元率の僅かな差で評価額に大きな違いが出てしまうといった欠点があることも否定できないから、その点を念頭に置き、一面的な評価に陥る危険を避ける意味で、純資産方式の併用が相当かどうかを検討する必要があるものと思われる。」

ロ）「民法上の組合の財産が組合員の合有（共有）であるのに対し、合資会社の財産は会社の所有であって、社員が会社財産の上に直接具体的な権利を持つものではなく、会社財産全体に対する観念的な割合的権利を持つにすぎない点においては、物的会社と異なるものではないから、合資会社の法的構造から、直ちに純資産方式のみにより持分評価を行うべきであるとの結論を引き出すことはできない……。」「『組合財産ノ状況』に従うとの文言は、どちらかといえば純資産方式に馴染みやすい点はあるとしても、例えば株式の売買価格の決定に関する商法204条ノ4も『会社ノ資産状態』を斟酌すべきものとしているのであり、収益方式も継続企業価値としての会社の財産的価値を評価しようとするものであるから、右規定の文言から純資産方式のみが法の予定する評価方法であるとまではいうことはできない。」

「次に、原告らの援用する昭和44年12月11日の最高裁判決は、確かに当該事件については純資産方式を適用しているが、直接には簿価純資産方式を斥け時価純資産方式を是認したものにすぎず、純資産方式以外の持分評価方法を一切否定したものとまではみられないばかりでなく、中小企業等協同組合法に基づく事業協同組合の脱退組合員の払戻持分の評価についての判断であって、合資会社に関する本件とは事案を異にする。右判決は、「事業の継続を前提とし、なるべく有利にこれ（組合財産）を一括譲渡する場合の価額を評価すべきもの」と判示しているところ、DCF法は企業買収の場合等に広く用いられる手法であるから、むしろ右判示に副う面もある。」

「……本件においては、収益方式（DCF法）と純資産方式（清算処分時価純資産方式）とを併用し、前者による評価額と後者のよる評価額を6対4の比で加重平均した金額をもって払戻持分金額とするのが相当と認められる。」

② **精算所得に対する法人税等の控除の可否** 「本件の場合、退社による持分払戻に会社資産の一部清算という側面があるとみられることなどを考慮し、清算処分時価純資産方式による評価をも算定の基礎とするのを相当と認めるものであるところ、右方式は、会社を解散して清算した場合に社員にいくら分配できるかという観点から企業を評価するものであるから、社員に対する分配可能額を算出するに際し、資産の処分価格相当額から処分に要する費用及び精算所得に対する法人税等相当額を控除するのは当然である。あくまで観念的に解散を仮定した上での企業価値の評価を行うものに過ぎないから、会社が現実に解散する可能性があるか否かは、右結論に影響しない。最判昭和54年2月23日は、協同組合の事業の継続を前提として、なるべく有利に組合財産を一括譲渡する場合の価額を算定するに際し、精算所得に対する公租公課相当額を負債として計上すべきでないとするものであって、事案を異にする。」

③ **本件土地の評価について** 「当裁判所としても、バブル地価を積極的に是認するつもりはない。しかし、バブル経済下の土地騰貴が、特定の限局された取引場面における現象ではなく、わが国の不動産取引市場を広く覆い尽くした傾向であったことも、紛れもない事実である。その意味において、バブル地価といえども、当時の市場の実勢を反映した、一般的な通有性をもつものであったというべきである。仮に、本件土地を、当時、売却したり担

保に提供したりしたとすれば、当時の市場の趨勢に従った価格が基準になったであろうことは、見やすい道理である。当時の不動産価格を算定しようとするときに、バブル崩壊後の今日からみて価格の一定部分がバブル部分であったとして、一律に減価を行うことは、かえって取引社会における公正さを害するおそれがある。株価の算定において、特定の株式についての一時的、人為的な投機による価格高騰部分を排除するのとは、もつ意味が異なるのである。」

「もっとも、前述したように、退社員の持分評価の基礎となる会社の資産評価を行う場合に、不動産等の価格に含まれるバブル部分により、継続企業価値が収益力を超えて過大評価されることはできるだけ避けなければならないから、本件のように資産中にバブル部分を多く含んでいる場合には、収益方式を併用するとともに、純資産方式において不動産価格の鑑定評価を行う際にも、取引事例比較法に偏ることなく、収益還元法や開発法による評価額に適正な比重を置くことが相当である。」

(3) 検　討

① **問題点の所在**　合資会社など、持分会社の社員の退社による払戻持分の計算はどのようになすべきか。当該計算は、当該社員が退社の時における持分会社の財産の状況に従ってなされなければならない（法611条2項）。旧商法では、会社の内部関係に関する事項として組合に関する民法の規定が準用され（旧商147条、同68条）、「脱退の時における組合財産の状況」（民681条1項）に従って行われた。

合資会社に関する社員の退社による払戻持分の計算が問題となった判例は、名古屋高裁昭和55年5月20日判決（判時975号110頁）がある。名古屋高裁は、会社財産の評価は帳簿上の価額でなく、「会社としての事業の継続を前提とし、なるべく有利にこれを一括譲渡する場合の価額を標準とすべきものと解すべきであり、時価以下の過少評価を許すべきでない。」と判示した。

合名会社の退社員の払戻持分の評価に関する裁判例も同様の立場である(59)。

---

(59) 神戸地判昭和61年8月29日（判時1222号135頁）、名古屋地判昭和62年9月29日（判時1264号128頁）。

人的会社に関するこれらの裁判例はいずれも、中小企業等協同組合法に基づく事業協同組合の脱退組合員の払戻持分の評価に関する最高裁昭和44年12月11日判決（民集23巻12号2447頁）に従うものである。

人的会社の退社員の払戻持分の計算は、会社財産の一部清算である。そして、貸借対照表上の財産評価は営業の存続を前提とする営業価格による。その営業価格の評価は、帳簿価格ではない。原始取得した無体財産権および事実的財産を評価計上することが許される[60]。

そのため、合資会社の有限責任社員の退社による払戻持分の評価方法は、「純資産方式すなわち営業の存続を前提とする営業価格によるべき。」とするのが通説的見解であった。

② **本判決の意義**　本件は、上場会社に比肩する経済規模を誇る合資会社の有限責任社員であった原告らが、退社による持分の払戻を請求した事案である。

主たる争点は、第1に、合資会社の持分の評価は、どのような方法によるべきか。第2に、時価純資産価額方式において、精算所得に対する法人税法等の控除を行うべきか。第3に、持分の評価において、バブルにより騰貴した不動産価格から、バブル部分を控除すべきか否かである。バブル経済で不動産価格が高騰していた時期であり、当該影響をどのように勘案するのかが問題となった。

東京地裁は、これら問題について、つぎのように判示した。いずれの争点においても、通説と異なる判断がなされた。

第1に、合資会社の持分を評価するにあたり、ディスカウント・キャッシュ・フロー方式（収益方式）と清算的時価純資産方式を併用し、6対4の割合で加重平均して算出する。

第2に、清算的時価純資産方式により評価する場合、精算所得に対する法人税法等の控除を行うべきである。

第3に、清算的時価純資産方式により評価する場合、バブルにより騰貴した不動産価格から、一律にバブル部分を控除すべきではない。

③ **出資持分の評価について**　イ）各方式の問題点　判旨は、収益還

---

[60] 出口正義・前掲注（46）227頁。

第5部　株式の評価

元方式の一種であるDCF方式および純資産時価方式を6対4の割合で加重平均している。併用方式は、従来、譲渡制限株式の売買価格の決定において多く採用されてきた。しかし、このような加重平均による併用方式には、必ずしも理論的意味が明確でない[61]。

　本判決が、通説的見解に必ずしも従うことなく、収益方式を6割の割合で採用した主たる理由は、第1に、継続企業価値の評価方法としては純資産方式よりも収益方式の方が理論的に優れていること。第2に、資産中にバブル部分を多く含んでいる場合には収益方式をより妥当とすべき事情がある、という指摘がある[62]。当該指摘は、妥当であるのか。そこで、収益方式および純資産方式について再検討する。

　これら方式を比較すれば、第1に、収益方式により算出される株式・持分評価が、純資産価額方式による評価を下回ることが多い。

　第2に、あらゆる事案において、純資産価額方式により、会社の解散を前提とした評価を妥当させるべきであるとするのは、非現実的ではないのか[63]。

　第3に、収益方式は継続企業価値の評価方法として理論的優位性があるが、その不確実性を考慮すれば、退社員の払戻持分の評価にあたり、純資産方式よりも信頼できる数値が算出されうるとの保証はない[64]。

　そうであるとすれば、種々の要素によって総合的に判断し、複数の算定方式を一定の比率で加重平均するという方式は是認される。

　ロ）本件併用方式の意義　　東京地裁は、「被告の場合、近い将来に解散する可能性はなく、企業規模は上場企業に匹敵し、清算が容易であると認めるべき理由もない……本件の場合、DCF法の採用は妥当であって、収益面で収益方式を不適当とする事情があるとも認められない。……被告の最も主要な資産は本件土地と営業用の建物であり、原告らの退社当時、右建物は建設途中であった。純資産方式において不動産価格からいわゆるバブル部分を直接控除することは適当でなく、資産のバブル部分により継続企業価値が収

---

[61] 河本一郎他「座談会・非公開株式の評価をめぐる問題」別冊商事法務101号12頁。
[62] 出口正義・前掲注（46）224頁。
[63] 伊藤雄司（批判）ジュリスト1147号127頁
[64] 出口正義・前掲注（46）224頁。

益力を超えて過大評価されるのをできるだけ避ける必要がある。本件のように資産中にバブル部分を多く含んでいる場合、収益方式をより妥当とすべき事情がある。」と指摘する。

すなわち、持分の評価方法について、第1に、純資産方式の採用を否定的に解する文脈においてであるが、会社の近い将来における解散可能性、清算の容易性、収益、処分可能な遊休資産の会社資産に占める割合について検討している。

第2に、資本還元率のわずかな差によって評価額に大きな違いが出るという収益方式の持つ欠陥[65]、合資会社社員の退社による持分払戻には一部清算的要素があることを考慮している。

このうち、前者については、株式会社に関する多数の判例の傾向とも合致するものである（大阪高決平成元年3月28日（判時1324号140頁））。後者に関しては、合資会社における持分払戻に関する「清算的要素」という抽象的な性格が、どのような意味で比率の決定に影響を与えるものであるか疑問である。

第3に、本件は退社員の持分払戻という法的には「会社財産の一部清算」であり、現状の会社財産の下で自分の取り分はいくらかという問題である。これにより持分は絶対的に消滅し、退社員は会社とは全く無関係になる。将来の収益力を基礎とする継続企業価値の評価は馴染まず、継続企業価値の評価方法としての理論的優位性という一般論だけでは収益方式の妥当性を根拠づけることは困難である[66]。

第4に、では、収益方式が完全に否定されるのか。本件のように資産中にバブルにより騰貴した部分を多く含んでいる場合はどうか。純資産価額方式による資産のバブル部分により継続企業価値が、収益力を超えて過大評価されるおそれがある。それを避けるためにも収益方式が考慮されるべきであり、本件事案において収益方式に重きを置いている。

これらを理由として、収益方式と純資産価額方式の併用を6対4で加重平均することは妥当であろう。

ハ）バブル部分の算定　本判決は、バブル地価を持分評価に算入することにつき、積極的に是認するつもりはないとしながらも、「バブル地価とい

---

[65] 弥永真生〔判批〕ジュリスト896号110頁。
[66] 出口正義・前掲注（46）224頁。

えども当時の市場の実勢を反映した一般的通有性をもっていたものであり、当時の不動産価格算定に際し、バブル崩壊後の今日から見て価格の一定部分がバブル部分であったとしても、その一律の減価はかえって取引社会の公正さを害する。」としている。

バブル部分の一律減価は不公正であるが、収益方式によるバブル部分の完全排除は公正とまではいえない。バブル部分を多く含むかどうかは、バブル崩壊後にはじめていえる。退社「当時」を標準と定める法の規定の解釈からみて、収益方式によるバブル騰貴部分の完全排除は疑問といえる[67]。

2　大阪高決平成元年3月28日（判時1324号140頁）

(1) 事実の概要

本件は、譲渡制限株式会社の株主の株式売買価格決定に対する即時抗告申請事件における抗告審決定である。

(2) 決　旨

少なくとも会社の経営支配力を有しない（買主にとって）株式の評価は右将来の配当利益を株価決定の原則的要素となすべきものというべきであるが、他方、現在及び将来の配当金の決定が多数者の配当政策に偏ってなされるおそれがないこともなく、右配当利益により算出される株価が一株当りの会社資産の解体価値に満たないこともありうるので、多数者と少数者の利害を調整して公正を期するため、右解体価値に基づき算出される株式価格は株価の最低限を画する意義を有するというべく、また、収益力を欠くとき、将来の配当金の予測ができないとき、又は近く会社の解散・清算、企業ないしは遊休資産の売却の可能性が認められるとき、会社が協同組合的実態を有するときなど特段の事情のある場合は二次的に会社の資産価値（解体価値又は企業価値）を算定要素として使用又は併用すべき場合があるというべきである。また、上場を仮定して類似業種、会社の株価に比準して算定することは類似性の確保が困難である。……以上の次第で、本件株式については、ゴードン・モデル方式による配当還元方式以外（例えば、収益還元方式、純資産価額方式）が

---

(67) 出口正義・前掲注 (46) 224頁。

いくらかでも適する事情が認められないので複合して併合する余地がない。よって、結局、本件株式の売買価格は4,687円と定めるのが相当である。

(3) 検　討

①　**本決定の意義**　会社の経営支配力を有しない株主が有する譲渡制限株式の評価は、どのような方式によるのかが問題となる。本決定は、会社の経営支配力を有しない株主が有する譲渡制限株式の評価について、広い意味での配当還元方式の一種であるゴードン・モデル方式に基づき算定をしたことに意義を有する。

②　**ゴードン・モデル方式に基づく算定**　ゴードン・モデル方式とは、分子に配当をもって資本還元し、株式価額を算出する方法であり、広い意味での配当還元方式の一種である。ゴードン・モデルが通常の配当還元方式と違うのは、毎期の配当金が一定であるとの仮定をとらず、「配当金は、利益のうち配当にまわらず留保された利益（留保利益）が会社によって運用され、その運用益の一部がさらに翌期以降の配当として支払われる。」として、配当金が毎期一定の割合で増加していくという仮定に基づく。

③　**他の算定方式の検討**　他の算定方式について、本決定はつぎのように述べる。

イ）類似業種比準方式について、「大量発生する課税対象に対し国家が迅速に対応すべき目的で課税技術上の観点から考案された方式で、国家と国民の公権力の行使関係を律する基準であって、本件のように私人間の具体的個別的利害対立下で公正適正な経済的利益を当事者に享受させようとする商法204条ノ4第2項の理念とは異なるもののみならず、標本会社の公表がなく類似性の検証が不可能であり、利益の成長要素が考慮されず、減価率の合理性が疑わしいため、本件のような譲渡制限株式の売買価格決定の単純又は併用方式となることは適当でない。」とする。

ロ）収益還元方式について、本決定は「純利益のなかには内部留保として新たな設備投資などにつぎこまれ、株主に対し直接経済的利益をもたらさないものが含まれている点……など疑問があり……非支配株主の株価算定には適当でない。」とする。

ハ）純資産価額方式について、本決定は「会社の資産価値を算定要素とし

て斟酌すべき……特段の事情が認められない。」として排斥する。

④ **本決定の問題点**　ゴードン・モデル方式について、本決定は、当該方式のみを採用する。そして、モデル式に算定すべき各パラメーターとして、提出された2つの鑑定意見の各数値を比較して、裁判所が採用した一定の数値に従い、決定をしている。

ゴードン・モデル方式のみを採用する場合、いかなるパラメーターを用いるかにより、株式の評価額にかなりの差異が出る。そのため、どのパラメーターを用いるかについて、当事者を説得できる合理的理由が必要である。

Ⅵ 精算所得に対する法人税等の控除

1 判例

　株式の評価において、精算所得に対する法人税等相当額を控除すべきかが問題となる。精算所得に対する法人税等を控除した残額を株式の評価額とすれば、株式の売主が受け取る金銭は、控除しない場合と比較して低額となる。判例によれば、会社財産を時価純資産方式によって算定する際には、資産の処分相当額から精算所得に対する法人税相当額を「控除すべき」であるとする。

　すなわち、「清算処分時価純資産方式による評価をも算定の基礎とするのを相当と認めるものであるところ、右方式は、会社を解散して清算した場合に社員にいくら分配できるかという観点から企業を評価するものであるから、社員に対する分配可能額を算出するに際し、資産の処分価格相当額から処分に要する費用及び精算所得に対する法人税等相当額を控除するのは当然である。」と判示する[68]。

　事業協同組合の脱退組合員の持分払戻に関する最高裁昭和54年2月23日判決（民集33巻1号125頁）は、「持分払戻は現実の解散による清算手続の一環として行うものではない」ことを理由に、精算所得に対する法人税等の控除を否定する。人的会社の退社員の持分払戻に関する諸判決は、「控除すべきでない。」と解する点で一致していた。

　他方、株式の評価が問題となった少なくない判例においては、、法人税の控除を肯定している[69]。

---

(68) 東京地判平成7年4月27日（判時1514号130頁）。
(69) 東京高決平成2年6月15日（金商853号30頁）。

第5部　株式の評価

2　学　説

　学説は、資産の処分相当額から精算所得に対する法人税相当額の控除は、否定的に解するとするのが、通説であった。

　東京高裁平成2年6月15日決定および東京地裁平成7年4月27日判決は、精算所得に対する法人税相当額の控除を肯定している。これら裁判所の判断に対し、継続企業価値の評価方法として純資産価額方式と収益方式を比較し、「法人税等の控除では、企業の解散・清算を仮定した企業価値の評価をなぜ行なうのか理解に苦しむ。また、持分払戻の際には現実に発生しない法人税等の債務を観念的な仮定の下で控除するのは擬制がすぎる。」との批判がある[70]。

　しかし、法人税等の控除を否定した場合、解散に伴って発生するであろう税金をすべて残存株主に負担させることとなり不公平である[71]。他方、出資の払戻が問題となる人的会社においては必ずしも妥当しない[72]。

　社員の退社により持分が絶対的に消滅し、同時に会社からこれに相応した財産が流出するため、精算所得税相当額を仮に控除しなくとも残存社員が一方的に負担を強いられることはないであろう（法人税法93条、2条）。

　判旨が指摘するように、純資産価額方式の採用が、会社を解散して清算した場合に社員にいくら分配できるかというあくまで「観念的に」解散を仮定した上での企業価値の評価を行うものに過ぎない。そのため、持分払戻額の算定に際し、精算所得税相当額を控除しても、退社員に不当な不利益を課するものではないであろう。

　なお、京都地裁平成20年5月16日決定（前掲注58）は、以下のように判断し、精算所得税相当額を控除している。① 本件会社のように、少数の同族支配株主が株式を保有している閉鎖会社は、第三者に株式を自由に譲渡して投下資本の回収を図ることは想定されていない。② その実態は、実質的共

---

(70) 出口正義・前掲注（46）224頁。
(71) 宍戸善一「紛争解決局面における非公開株式の評価」竹内還暦・現代企業法の展開419頁。
(72) 伊藤雄司・前掲注（63）127頁、渋谷光子〔批判〕判評250号34頁。

有状態にある人的会社および組合において、社員が共有関係から離脱する場合と類似している。③本件株式譲渡は、清算の一部前倒しとしての実質を有している。④譲渡株主と譲受株主間の衡平を考えれば、先に現金を取得する譲渡株主の取得額は、清算を行った場合と同じく、精算所得税控除後の金額に限られる。

第5部　株式の評価

Ⅶ　加重平均による併用方式

1　判　例

　私人間の争いにおいては、株式または持分の評価方式は、概して、類似業種比準方式、純資産価額方式、収益還元方式、配当還元方式を併用する。複数の方式を同等の比重により平均を求める場合[73]、6対4など複数の方式を何らかの割合で加重平均を求める場合[74]など様々である。

2　併用方式の意義

　加重平均による併用方式を用いる意義として、つぎのことを指摘できる。
　第1に、継続企業価値の評価方法としては、会社の解散を前提とする純資産方式よりも、収益還元方式の方が理論的に優れていること。
　第2に、収益還元方式は、資本還元率のわずかな差によって評価額に大きな違いが出ることになり、不確実である。
　第3に、資産中にバブル部分を多く含むなど、純資産価額方式では資産の継続企業価値が収益力を超えて過大評価されるおそれがある。
　第4に、収益還元方式により算出される株式・持分評価が、純資産価額方式による評価を下回ることが多い。しかし、このような加重平均による併用方式においても、必ずしも理論的意味が明確でないといえる[75]。

---

[73]　東京高判昭和51年12月24日（判時846号105頁）。
[74]　東京地判平成7年4月27日（判時1514号130頁）。
[75]　河本一郎他・前掲注（61）12頁。

Ⅷ　種類株式の評価方法

1　問題点の所在

　事業承継を親族内で円滑に進める手段として、議決権制限株式等の種類株式の活用が考えられる。問題は、種類株式の評価方法である。種類株式の評価については、第1に、発行価額の決定、第2に、相続等の局面における課税評価、第3に、売買価格をめぐって紛争が生じた場合、会社法上の評価が争点となる。

　取引相場のない普通株式についての評価方法は、税法上の評価では財産評価基本通達が一定の指針を有する。他方、種類株式について、税法上の評価方法は、国税庁が、①『相続等により取得した種類株式の評価について』(平成19年2月26日付、文書回答事例)、②『種類株式の評価について（情報）』(平成19年3月9日付、資産評価企画官情報第1号)、を示している。

　しかし、会社法上の株式評価は、個別事情を総合的に考慮した評価（複数の評価方法を併用する方法）が裁判実務上、行われている。このように、会社法上の評価と税法上の評価が現実には必ずしも一致しない。

　事業承継関連法制等研究会「事業承継関連法制等研究会中間報告」(平成17年4月)は、税法上の種類株式の評価方法を中心に据えて検討を行っている。前記問題点について、当該中間報告によれば、将来的には会社法上の評価の明確化が図られることが望ましいとの意見が付されている。

2　種類株式の評価の基本的考え方

(1)　企業会計基準委員会の実務対応報告

　種類株式の評価方法について、企業会計基準委員会の実務対応報告第10号（「種類株式の貸借対照表価額に関する実務上の取扱い」平成15年3月公表）がある。

　同報告は、種類株式の評価につき、債券と同様の性格を有するか否かで区

第5部　株式の評価

分し、その上で市場価格があるか否かで区分する。とりわけ、市場価格のない種類株式について、第1に、「1株当たり純資産価額」を基礎とする方法、第2に、「優先的な残余財産分配請求権」を基礎とする方法が示されている。

(2) 国税庁の見解

国税庁は、①『相続等により取得した種類株式の評価について』（平成19年2月26日回答。取引等に係る税務上の取扱い等に関する照会（同業者団体専用）〔文書回答事例〕）、②『種類株式の評価について（情報）』（平成19年3月9日付。資産評価企画官情報第1号）、を通じ（これら文書回答事例および情報を、以下、「情報等」という。）、種類株式の評価方法を一定の範囲で示している。

「情報等」は、平成19年1月1日以降に、相続、遺贈または贈与（以下、「相続等」という。）により取得した財産の評価について適用する。

取引相場のない株式の評価適用区分（原則的評価方式・特例的評価方式）においては、同族株主が当該会社の株式を取得した場合、株式の評価は、「原則的評価方式（純資産価額方式、類似業種比準方式、および両者の併用方式）」が適用される。情報等が対象とする種類株式は、配当優先の無議決権株式、社債類似株式、拒否権付株式、である。

国税庁は、種類株式の税法上の評価について、「今後様々な種類株式が発行されれば、その種類株式に応じた評価方法を定めることが必要になると予想される。」としつつも、現状では個別評価を行うこと、その際には普通株式との権利内容の相違および内容変更の条件が重要である旨を平成15年段階で表明している。

ただし、国税庁資産評価企画官室によれば、現行の課税実務上は、種類株式であっても、まず現行財産評価基本通達上の「株式」の規定の適用を行い、その適用結果が妥当でないと同通達第5項または第6項に基づき判断した場合に個別評価を行う。例えば、議決権の有無以外の権利内容について普通株式と相違がない完全無議決権株式を同族株主が取得した場合の評価は「原則的評価方式」を適用して行うのが従来実務である。

種類株式の評価方法は、基本的には評価対象となる種類株式に付与されている議決権または配当・残余財産分配請求権などの権利内容に着目して評価を行うべきであるとする。

権利内容とは、債券との類似性、普通株式も発行されている場合には当該普通株式に比して、どの程度個々の権利内容が相違しているかなどである。

本来、種類株式の価値については、取締役選任権等の支配権、配当および残余財産分配請求権等のキャッシュフロー権に分解し、各価値を評価した上で、その組み合わせとして種類株式を評価する方法が指摘されている。

しかし、種類株式の価値を支配権およびキャッシュフロー権に分解することは実務上困難であることは否定できない。理論的には、配当還元価値を基本としたうえで、残余財産分配請求権の現在価値を加えるという考え方がある。その際にも、残余財産分配請求権が現実化する確率の算定、含み益および含み損の考慮が実際には困難である。

(3) 無議決権株式の評価

国税局の「相続等により取得した種類株式の評価について」によれば（平成19年2月26日回答）、完全無議決権株式については原則として議決権の有無を考慮せずに評価することが明らかにされている。無議決権株式または普通株式を評価する場合、類似業種比準価額方式または純資産価額方式によって差異が生じるものではない。

しかし、議決権の有無によって株式の価値に差異が生じるという観点から、同族株主が完全無議決権株式（社債類似株式を除く）を取得した場合、一定要件を充足したときに、原則的評価方式により評価した価額から5％のマイナスをし、その5％部分を他の議決権のある株式の評価額に加算して申告することができる[76]。

---

(76) 一定要件とは、つぎに掲げる内容である。①同族株主が無議決権株式（社債類似株式を除く）を相続または遺贈により取得すること。②当該会社の株式について、相続税の法定申告期限までに、遺産分割協議が確定していること。③当該相続または遺贈により、当該会社の株式を取得したすべての同族株主から、相続税の法定申告期限までに、当該相続または遺贈により同族株主が取得した無議決権株式の価額について、調整計算前のその株式の評価額からその価額に5％を乗じて計算した金額を控除した金額により評価するとともに、当該控除した金額を当該相続または遺贈により同族株主が取得した当該会社の議決権のある株式の価額に加算して申告することについての届出書（参考資料「無議決権株式の評価の取扱いに係る選択届出書」を参照）が、所轄税務署長に提出されていること。④当該相続税の申告に当たり、評価明細書に、調整計算の算式に基づく無議決権株式及び議決権のある株式の評価額の算定根

(4) 配当優先の無議決権株式の評価

同族株主が相続等により取得した配当優先株式（資本金等の額の減少に伴うものを除きく）の価額は、第1に、類似業種比準方式により評価する、第2に、純資産価額方式により評価する方法がある。

類似業種比準方式により評価する場合、国税庁「財産評価基本通達」183（評価会社の1株当たりの配当金額等の計算）の(1)に基づく。配当優先株式が評価対象株式である場合、配当優先株式に係る剰余金の配当金額で計算する。配当について優先・劣後のある株式を発行している会社の株式評価は、配当金の多寡が、比準要素のうち、1株当たりの配当金額に影響するためである。

他方、純資産価額方式により評価する場合、国税庁「財産評価基本通達」185（純資産価額）に基づく。純資産価額方式の評価では、配当金の多寡は評価要素とはならない。当該評価方法では、配当優先株式および普通株式は、1株当たりの相続税評価額は同額となる。

(5) 社債類似株式の評価

社債類似株式とは、経済的実質が社債（普通社債）に類似している株式であり、相続等における財産評価では、社債として扱うのである。具体的には、つぎの全ての条件を充足する株式である。

すなわち、①配当金について優先して分配すること、②残余財産分配について発行価額を超えて分配は行わないこと、③一定期日において発行会社が本件株式の全部を発行価額で償還すること、④議決権を有しないこと、⑤他の株式を対価とする取得請求権を有しないこと、である。

社債類似株式の評価方式は、原則として、国税庁「財産評価基本通達」197-2（利付公社債の評価）の(3)に準じ、発行価額に相当する金額によって評価する。

(6) 拒否権付種類株式の評価

情報等の扱いでは、拒否権付種類株式については、評価上の配慮は特に行わない旨が明らかになっている。これは議決権については、原則として評価しないことを意味している。経営上は大きな意味がある拒否権は、税務上は

拠を適宜の様式に記載し、添付していること、である。

Ⅷ　種類株式の評価方法

評価対象にならない。拒否権付種類株式か普通株式かでは、税務上の評価額に差異はない。

3　種類株式の相続税法上の評価

(1) 評 価 方 法

相続税法上の種類株式の評価は、原則的評価方式（純資産価額方式、類似業種比準方式、および両者の併用方式）または配当還元方式を採用することとされている。種類株式についての相続税法上の評価方法を検討すると、つぎの評価方法が考えられる。

第1に、評価対象となる種類株式が債券と同様の性格を持つかどうかの判定を行う。同様の性格を持つと判定された種類株式は、債券に準じた評価を行う。債券と同様の性格を持つことと判定された種類株式は、優先配当、払込金額を上限に残余財産の優先分配、一定期間後の発行会社による払込金額での強制取得となる。

第2に、前記1に該当しない種類株式のうち市場性があるものについては、市場価格を基準として評価を行う。

第3に、前記2に該当しない種類株式について、取得請求権および取得条項等に基づく潜在的なものも含めた評価対象会社に対する支配力の有無を確認し、支配力が全く認められない種類株式については配当還元方式で評価を行う。

第4に、潜在的なものを含めた支配力が認められた場合、原則的評価方式を基準として評価を行う。具体的には、残余財産分配請求権に制限および優先権が存在する場合、その程度に従った調整を行う。議決権に制限がある場合、その程度に従ったディスカウントを行う。

(2) 議決権制限のディスカウント

前記の企業会計基準委員会の実務対応報告第10号においては、上場企業の普通株式と完全無議決権株式の流通価格差から、5％程度または数十％程度の議決権ディスカウントが観察される海外の事例が紹介されている。

当該報告では、市場規律が存在する上場会社より、非上場の中小企業のディスカウント率は高くて然るべきという意見、税法上の他の財産評価の事

例に鑑みれば、20％のディスカウントを行うことが妥当であるとの意見がある。

4　配当還元方式による完全無議決権株式の評価

　種類株式の発行等を検討する際の予測可能性を高めるためには、「潜在的なものを含めた支配力の有無」の判定基準が具体的に明らかにされることが望ましい。

　しかし、つぎの要件を満たす非上場会社の完全無議決権株式については、少数株主が相続する普通株式と同様、株主にとっての当該株式の価値は配当期待益であると考えられる。そこで、配当還元方式で評価されるべきことを明確化することが適当ではないかと考えられる。

① 　株主総会において、一切の議決権を有しない。
② 　取得請求権・取得条項がない。
③ 　剰余金の配当については、普通株式に劣後しない。
④ 　残余財産分配請求権は、普通株式に優先しない。
⑤ 　財産評価基本通達第178項の同族株主以外の株主等に該当しない株主が取得した場合について、課税後の一定期間において株式の権利内容（前記①～④）の変更が行われないことについての担保措置（例えば、税務署への届出等）を講じる。

5　今後の課題

　事業承継において、種類株式の活用、とりわけ完全無議決権株式の活用により、遺言等に基づき議決権を有する株式を後継者に相続させ、完全無議決権株式を非後継者に相続させ、経営権の集中と財産権の分与の両立が図られることが期待される。

　そのため、事業承継の円滑化の観点から、後継者の相続税負担が問題となる。会社に対する支配権がある以上、完全無議決権株式の株主は、評価後の株式権利内容の変更等の方法を含め、様々な手段で会社の有するキャッシュを自らに分配することが可能である。そのため、純粋に会社に対する支配権のみの評価を切り離して、その評価額をゼロと考えることは困難である。

Ⅷ　種類株式の評価方法

　税法上の種類株式の評価に関し、今後、議決権プレミアムの設定等に係る具体的な検討を行うに際し、従来の取引相場のない株式の評価方式である配当還元方式における配当還元率を前提とするのではなく、包括的かつ詳細な検討を行うべきであろう。種類株式については、税法上の評価だけでなく、会社法上の評価を明確化していくことが重要である[77]。

---

(77)　事業承継協議会各検討委員会報告書『中小企業の事業承継円滑化に向けて』（2006年、経済産業調査会）143頁～156頁。日本中小企業経営支援専門家協会組織再編研究会『中小企業の組織再編・事業承継』（2007年、中央経済社）13頁～23頁。

第6部　事業承継と組織再編

I 利益圧縮による株式評価対策

1 問題点の所在

　旧（現）オーナー経営者は、事業承継の対象会社に係る自社株式の大部分を所有しており、優良な会社では、株式の評価が高額になっている。また、旧（現）オーナー経営者が個人名義で有する不動産、生命保険金、有価証券、退職慰労金を含む現預金を合わせると、後継者（新代表者）が負担する相続税は相当な額になる[78]。

　自社株式の贈与および相続に係る諸問題は、前述したとおりである。その1つとして、自社株式の評価を下げることは、円滑な事業承継に資することになる。しかし、対象会社の業績を恣意的に悪化させることは、本末転倒である。そこで、組織再編により、具体的に株式の評価を下げる方法について検討する[79]。

2 利益の圧縮方法

　会社の利益を圧縮させれば、現オーナー経営者が有する自社株式の評価を下げることができる。会社の業績を恣意的に悪化させることなく、利益を圧縮させる方法として、つぎのことが考えられる。

　① 新代表者が承継する会社に高収益部門を事業譲渡し、利益を分散する。

　② 新代表者が承継する会社は、不動産等の管理会社とし、営業部門および製造開発部門等は子会社に分割し、利益を分散する。

　③ 後継者となる現オーナー経営者の子供間で会社を分割し、利益を分散する。

　④ 役員報酬を増額する。

---

[78] 大野正道編・前掲注（48）239頁。
[79] 髭正博『事業承継・自社株対策の実践と手法』（2006年、日本法令）283頁以下。

⑤　不良債権等の償却含み損のある土地等の資産の売却、設備計画の償却資産の購入等をする。

3　高収益部門の独立

(1) 意　義

株式の評価額が問題となる会社は、概して高い業績をあげており、会社の各部門・各部署組織化され、高収益部門の事業を有している。後継者のための株式の評価対策および税負担対策として、現オーナー経営者が新後継者を決めた後、高収益部門を別会社に移し、当該別会社に事業譲渡するのである。

例えば、情報処理を業とするX会社のコンピューターソフト開発部門は高い技術を有し、優良法人を顧客としている。コンピューターソフト開発部門をX会社から独立させるため、Y会社を設立し、Y会社にX会社のコンピューターソフト開発部門を事業譲渡する。この結果、利益は両会社に分散する。

現オーナー経営者がX会社およびY会社の代表取締役会長、後継者が代表取締役社長に就任し、経営の後見をしながら、後継者を有能な経営者として育成していく。本体会社X会社の自社株式の評価額が下がり、自社株対策も実施する。

(2) 事業譲渡の方法

前記のX会社の高収益部門を新設Y会社に移すため、事業譲渡する方法は、つぎの手順となる。

①　後継者を株主とする事業を譲り受ける会社を設立する。

②　高収益部門の資産および負債等をあわせて事業を譲渡する。事業譲渡契約の締結である。

③　事業には、得意先、仕入先、取引銀行の預金、融資金および従業員等を含む。

④　事業譲渡は、譲渡資産の帳簿価額が譲渡会社の総資産額の5分の1以上と考えられる。

4　会社分割の活用

　現オーナー経営者が子供ＸまたはＹのうち、誰を後継者にするかを決めかねている場合、子供Ｘだけに事業承継の対象会社Ｐ会社の株式および経営権を集中させると、深刻な親族内・同族内争いになりかねない。また、相続時にＰ会社株式が相続人の共有または分散しても、同様の争いが生じうる。

　そこで、Ｐ会社を「会社分割」してＸおよびＹに各会社の株式を相続させるのである。例えば、現オーナー経営者がＡおよびＢ２つの事業を行っている場合、Ａ事業をなすＡ会社、Ｂ事業をなすＢ会社に分割する。

　現オーナー経営者は、遺言で、Ａ会社を長男Ｘに、Ｂ会社を長女Ｙに相続させる旨を明らかにする。各会社の株式を生前贈与してもよい。現オーナー経営者が存命中は、ＸおよびＹを各会社の副社長にして経営者として育成する。

　会社をあらかじめ分割しておくことにより、相続時にＰ会社株式が相続人の共有になってしまう。ＸＹ間の争いに発展する可能性がある。

　これらは、同族内での会社分割であるが、複数の事業部門を有する会社が、一部を切り出して、当該部門を他社に売却する。新設分割（２つ以上の会社がそれぞれの事業部門を分割して新会社をつくる）および吸収分割（既存会社に事業部門を吸収してもらう。事業譲渡と異なり、競業規制がなく、債務を多額に抱える事業部門を移すことができる。）がある[80]。

---

(80) 髭正博・前掲注（79）81頁以下。労働契約承継法によって分割事業の雇用の確保が保障されている。しかし、事業譲渡の場合、同法の適用がなく、従業員の雇用がそのまま確保されるわけではない。

第6部　事業承継と組織再編

II　株式移転・株式交換による株式評価対策

　事業承継の対象会社の株式評価額が、今後高くなることを少なくするために、株式移転および株式交換により持株会社を新設する方法が考えられる。

1　株式交換の方法

　株式交換とは、既存の会社同士が契約により、100％親子関係の会社になる会社法上の手続きである（会社法767条、768条、782条、791条、794条、795条）。具体的手続きは、つぎのようになる。
　① 既存の会社同士が、「株式交換契約書」を締結する。② 双方の会社の株主総会において、株式交換契約書の承認を特別決議で行う。
　例えば、100％親会社になる会社（A会社）は、100％子会社になる会社（B会社）の株主より受領するB会社株式と交換に、A会社の新株をB会社株主に交付する。既存会社のA会社およびB会社は、100％親子関係の親子会社になり、旧B会社株主は、A会社の株主になる。

2　株式移転の方法

　株式移転とは、既存の会社と株主との間に新しい持株会社を設立する会社法上の手続きである（会社法777条以下）。具体的な手続きは、つぎのようになる。
　①　既存の会社と株主との間に株式移転方式により持株会社を設立するために株主総会を開催し、特別決議によって承認する。
　②　A会社株主は、A会社株式を移転することによって持株会社を設立し、その見返りに持株会社の新株の交付を受ける。
　③　以上によって、既存会社A会社は、新設持株会社の100％子会社となり、旧A会社株主は、持株会社の株主になる。

Ⅱ　株式移転・株式交換による株式評価対策

3　株式移転の事例による対策と株価

　例えば、事業承継および株式の評価対策をそろそろ考えている現オーナー経営者は年齢が50歳代と若く、実際の相続はかなり先と考えられ、かつ、後継者を具体的には未だ決められない状況であるとする。会社の純資産価額は相当な額になっており、高収益を維持できる可能性は大きい。そのため、株式の評価額は将来、高価額になる。しかし、相続という状況はいつ発生するかも知れない。

　このようなときの株価対策として、間接所有としての持株会社方式が考えられる。

　現オーナー経営者を含むすべての株主の株式を「株式移転」方式によって持株会社に移す。そうすると、株式の評価は、法人税等の相当額が差し引かれて計算がなされることになる。

4　株式移転を活用した企業再編

(1)　目　　的

　事業承継において、現オーナー経営者が複数の会社を経営している場合、株式移転を活用した企業再編は、株式評価対策として有用である。

　例えば、① 後継者が将来、株式公開を視野に入れた企業再編をし、株式公開をスムーズにしたい場合。② 現オーナー経営者が高齢のため、早目に所有する株式を後継者候補に譲渡しておきたい場合。③ 別途経営する製品の販売会社における経営利益の大幅な減少を回避した方法で株式評価対策を行いたい場合である。

(2)　具体的方法

　事業承継を行うに際して、具体的な企業再編を概観する。例えば、A会社は精密機器の研究開発および販売を業とする。B会社はA会社の100％子会社で、A会社製品の製造をしている。他方、C会社は、B会社の原材料の調達を行っている。A会社の現オーナー経営者の相続人3名は、A会社の株主である。

　今、A会社の研究開発部門を分割して100％子会社にしようとする。その

ため、A会社とC会社を合併させ、A会社を存続会社とする。C会社の株主は、株式のすべてをA会社に移転する。

その後、A会社は、新設持株会社P会社を設立する。株式移転により、A会社およびB会社は、P会社の100％子会社となり、旧A会社株主はP会社の株式を交付される。

Ⅲ 株式上場による税負担増

　株式の評価対策として、旧（現）オーナー経営者が、事業承継の対象会社の株式を上場させることは、節税対策にはならない。株式上場によって多額の現金を得ることができるのは、上場した際の売出しなどである。相続人が後継経営者である場合、上場した相続株式を売却して納税に充てるとしても、内部者取引規制（金融商品取引法166条）に抵触しないかを絶えず念頭におかなければならない。

　株式を上場させれば、資金調達が容易となり、社会的信用が高まる。しかし、上場により旧（現）オーナー経営者が所有する自社株式の評価は高額になる。相続財産に占める自社株式の割合は一気に高まる。株式評価が高まっても、相続税額が急増し、手持ち現金が急増しなければ、後継者は経済的負担が増すだけである[81]。

---

(81) 牧口晴一・齋藤孝一『中小企業の事業承継―種類株式・M&A・信託の活用』（2007年、清文社）300頁以下。

第7部　事業承継とM&A

I　M＆Aの活用

1　概　説

　事業承継の方法として、①現オーナー経営者の親族内における承継、②親族以外の従業員等への承継、③M＆Aにより外部の者に売却する方法、④事業の信託がある。近年、M＆Aが事業承継において多用されるようになった。

　経営権が移転するM＆Aは、買い手企業から見た場合、事業承継の対象会社を買収する方法、事業承継の対象会社と合併する方法に大別できる。

　第1に、「事業承継の対象会社を買収する方法」として、①株式の買取、②資産の買取がある。

　①株式の買取は、事業承継の対象会社の既存株主から金銭での買取り方法または買い手企業の株式と売り手企業の株式との交換などが考えられる。株式の買取により、事業承継の対象会社は、買い手企業の（完全）子会社となる。②資産の買取は、事業譲渡に該当する。

　第2に、「事業承継の対象会社と合併する方法」として、①吸収合併、②新設合併がある。事業承継では、一般的に吸収合併が用いられる。合併の対価は、金銭または買い手企業の株式が、事業承継の対象会社の既存株主に交付される。買い手企業は、上場会社または非上場会社を問わない。

　これらのうち、事業承継の対象会社の既存株主から、株式を買い取る方法が手続きが簡易であり、M＆Aの利用形態として多い。

2　売却価格

　M＆Aにより、事業承継の対象会社を売却する場合、その価格が問題となる。総資産から負債を差し引きした「純資産」が基準となる。純資産価格から、在庫品および不動産などの含み益および含み損などを勘案し、簿価では

なく、時価純資産を算定する。

　対象株式の時価評価に加え、暖簾、知的財産、得意先、従業員の能力を売り手企業にいかに有利な価格を納得させることができるかが問題となる。Ｍ＆Ａ仲介会社および各士業へのコストも必要になる[82]。

3　対象会社

　事業承継戦略の観点から会社を分類すれば、① 会社業績が好調、財務内容が健全、後継者がいる会社。② 業績が低迷、財務内容が悪化、後継者がいる会社。③ 業績が好調、財務内容が健全、後継者がいない会社。④ 業績が低迷、財務内容が悪化、後継者がいない会社、となる。

　事業承継の方法として、Ｍ＆Ａにより外部の者に売却を行ないやすい会社は、業績が好調、財務内容が健全、後継者がいない会社、である。

---

[82] 事業承継協議会各検討委員会報告書・前掲注（1）85〜86頁。

Ⅱ　M＆Aと従業員等への承継比較

「現オーナー経営者の親族内での承継」については、詳述してきた。そこで、従業員または社外の者等への承継、およびM＆Aにより外部の者に売却する方法を比較検討する必要がある。また、M＆Aの相手方が上場会社である場合はどうか。それぞれについて、メリットおよびデメリットを検討する[83]。

1　M＆Aによる売却

(1)　売り手企業のメリット

① **後継者難対策**　親族内に後継者の適任者がいない、または親族内の後継者候補が能力不足であれば、会社内外から後継者としての人材を広く探すのである。後継者が見つからず、対象会社が解散清算となれば、これまで築いてきた技術、ノウハウ、信用といった経営資源を喪失する。また、従業員の失業および取引先へも甚大な影響を与える。M＆Aにより会社が存続すれば、当該影響を回避できる。

② **M＆Aの規制緩和**　合併対価の柔軟化、M＆A仲介会社の台頭により、M＆Aビジネスが整備され、円滑に進めやすくなった。

③ **現オーナー経営者の利益**　現オーナー経営者が会社売却の利益を得て、生活資金および相続税対策が可能である。解散清算に比べて株主の手取り額が多くなる。中小企業の多くは金融機関からの借入金に対し、代表取締役自身が個人保証をしている。当該債務については、原則的には買い手企業が引き継ぐことになる。また、現オーナー経営者がハッピーリタイアを楽しむ人生観を有するようになったことが大きい。

---

(83) 企業再建・承継コンサルタント協同組合『企業承継の考え方と実務』(2007年、ダイヤモンド社) 356頁以下。

④ **事業の発展**　M＆Aにより、事業規模が拡大し、円滑な資金調達、社内体制の整備等、対象会社がこれまで弱みとされていた部分について補うことができる。事業の新たな発展、企業体質の強化に繋がることも多い。

(2) 買い手企業のメリット

① **コスト・リスクの削減**　他業界・他業種への新規参入または業務拡大・営業拠点の拡充策において、M＆Aの手法を採ることが、コスト削減および効率的経営に資する。

② **既存事業拡大・事業多角化**　既存事業とのシナジー効果、事業多角化等の成長戦略展開の事業基盤の強化を図ることができる。

(3) M＆Aによる売却のデメリット

第1に、買い手企業により、大規模な従業員のリストラが行われる可能性があり、従業員の雇用の維持・確保が困難である。

第2に、売却金額・合併比率等の希望条件に合致する相手を、短期間で探すことは困難である。対象会社の魅力をいかに説得的に説明できるかである。

第3に、経営の一体化を保持しにくく、買い手企業の企業風土が強制され、有能な従業員が辞めていくことが少なくない。

第4に、事業承継の対象会社の財務内容が良好であっても、株式が分散している場合、買い手企業は大株主との個別交渉が必要なこともある。そのため、買い手企業は、売り手企業に好条件を提示しながら、結果的に手を引くこともある。現オーナー経営者があらかじめ株式を集中しておくなどの対策が必要である[84]。

2　従業員等への承継

(1) メリット

第1に、親族内に適任者がいなくても、従業員または現オーナー経営者の知人（取引先の役員等）を後継者とすることで、会社内外から人材を広く探すことができる。第2に、経営の一体化を保持しやすい。第3に、大規模な従業員のリストラを防ぐことができる。

---

[84] 企業再建・承継コンサルタント協同組合・前掲注（83）137～139頁。

(2) デメリット

第1に、後継者である従業員等に株式を取得する資力がない場合が多い。第2に、後継者である従業員等は、現オーナー経営者の個人債務保証を引き継ぐ可能性が高い[85]。

3　上場会社との合併

(1) メリット

第1に、対象会社に後継者がいなくとも、上場会社に合併することで、事業は承継され、従業員の雇用は一定の範囲で確保される。従業員は上場会社の従業員となり、給与・福利厚生面などの厚遇が期待できる。ただし、取締役は解任となる場合が多く、その手当てが必要である。

第2に、相続税の納税資金を確保しやすい。例えば、合併の対価が非上場株式の場合、現金化を迅速にはできない。しかし、合併の対価が上場株式の場合、いつでも市場価額で売却することができ、相続税の納税資金とすることができる。

第3に、買い手企業にとり、自己株式を合併の相手企業の株主に渡すことにより、既存株主の持分比率および経済的価値が急落することなく、優良な会社を自社の一部門にすることができる。

第4に、合併比率に応じ交付された上場株式につき、原則的には譲渡であっても、税務上の「適格合併」の要件に該当する。交付時点での課税は行われない。将来、株主は上場株式を譲渡したときに課税が行われる。

(2) デメリット

第1に、事業承継の対象会社の現オーナー経営者は、一株主の地位となり、経営には株主総会などを通じ、間接的にしか関与できなくなる。

第2に、合併比率が不利に抑えられる可能性がある。合併契約の締結までに、合併比率の交渉が最難関であることは否定できない。

---

[85] 事業承継協議会各検討委員会報告書・前掲注（1）65〜71頁。

III 合併対価の多様化

1 概説

　事業承継の方法として、M＆Aにより外部の者に対象会社を売却する場合、合併の対価は、従前より自由化されている。通常、A会社がB会社を吸収合併する場合、B会社の株主には、A会社の株式を合併比率に応じて交付する。

　しかし、合併対価の自由化により、B会社の株主には、A会社の株式ではなく、金銭（株式等以外の財産）を交付する「キャッシュ・アウト・マージャー」が可能である（会社法749条1項2号ホ）。消滅会社の株主は、対価である金銭を受領できるが、株主でなくなり、結果的に会社から締め出されることになる。

2 三角合併による親会社株式の交付

　三角合併とは、合併会社の株式を消滅会社の株主に交付するのではなく、合併会社の「親会社株式」を渡すことである（会社法800条、135条、施行規則182条～184条）[86]。

　例えば、A会社がB会社を吸収合併する場合、B会社の株主にA会社株式を交付するのではない。A会社株式とその親会社X会社の株式と交換し、A会社はX会社の株式をB会社株主に付与するのである。

　なお、A会社がX会社の完全子会社の場合には、直接にX会社の株式をB会社株主に付与する。

---

(86) 牧口晴一・齋藤孝一・前掲注 (81) 298～299頁。

第8部　事業承継に係る諸問題の対策

I　会社に対する現オーナー経営者の貸付金の対策

1　概　説

　会社の業績が一時悪化したときに、現オーナー経営者が会社に対し、個人資産の貸付けまたは金融機関から個人借入れをして資金援助をする。または、会社債務の個人保証をすることは多い。現在は業績も回復し、経常利益も計上するようになっているが、現オーナー経営者が高齢になり全額を返済しきれない状況がある。

　この場合、対象会社の株式評価対策として、現オーナー経営者による貸付金を、資本金に振り替える方法がある。

　現オーナー経営者に万一のことがあれば、相続財産に含まれ、相続税の課税対象になるため、この貸付債権を資本金に振り替えると、株式評価額の一部減額が可能になるケースがある。その後は、さらに株価対策を実施する。

2　具体的対策

(1)　対 策 例

　会社に対する現オーナー経営者の貸付金対策として、具体的には、つぎの方法がある。

　①　対象会社の株式の「時価」を算出し、現オーナー経営者は、貸付債権を「現物出資」して第三者割当増資する。

　②　現物出資による払込みは、裁判所が選任する検査役の検査を要する（会社法33条1項）。ただし、弁護士、公認会計士、税理士等の「専門家証明」を受けた場合、検査役による検査は不要である（同条10項3号）。

　③　借入金（増資完了後直ぐに返済）などによる資金源に余裕がある場合は現金出資する。

　④　会社の税務上の繰越欠損金が現オーナー経営者の貸付金額と同額以上

ある場合、増資ではなく、貸付金を放棄することにする。

(2) 減　資

　対象会社が負う現オーナー経営者からの借入債務額が前記のように多額であり、全額を資本金等に組み入れると資本金の額が巨額になってしまう可能性がある。そこで、会社の資本金を減少させることが考えられる。資本の額の減少には、会社の財産が減少する場合の「実質上の資本減少」と、会社の財産が減少しない場合の「形式上の資本減少」とがある。

　前記のようなケースでは、資本金の額を適正な状態にするためであり、無償による形式上の減資で行う。例えば、資本金2億7,000万円のうち、2億円を減資するのである。

Ⅱ 名義株式の株主に対する対策

1 名義株式と相続

　名義株式とは、株主名簿上の名義（名義株主）とその株式の実質上の株主（実質株主）が一致していない株式のことである。旧商法では、発起人数の要件等のため、名義株式が問題になったが、西武鉄道事件（東京地判平成20年4月24日（判時2003号10頁））のように、相続税の納税額をできるだけ低く抑えたいなど、相続対策でも生じる問題である[87]。

　実際の相続が起こると、名義を貸与している株主と実質上の真正な株主との権利関係が問題となる。相続の発生時において、株式を実質的に引き受けたのが誰であるのか、また、名義貸与が行われたことが事実であるかどうかといった証明をすることは困難である。

　とりわけ、被相続人が亡くなった場合、これら証明はほぼ不可能であり、株式の評価が多額になっている名義人が、権利を主張すると紛争になってしまう。さらに、名義人がすでに亡くなっており、真正な第三者として名義株主の相続人等が当該株式を相続財産として認識し、財産相続している場合は対抗しきれない。このように名義株式は紛争の原因になるケースが多く、未然に防ぐために対策が必要である。

---

(87) 会社法121条～126条では、会社はつぎの所定の事項を記載した「株主名簿」を作成・保管することを定めている。① 株主の氏名および住所、② 各株主の所有する株式の種類及び数、③ 各株主の所有する株式につき株券を発行している場合のその株券番号、④ 株主が株式を取得した年月日、である。会社法上、株主名簿はつぎの意義および効力を有している。① 記名株式の移転については、取得者の氏名および住所を株主名簿に記載しなければ会社に対抗できない。② 会社は、株主に対する通知及び催告について、株主名簿に記載された住所宛に通告すればよい。③ 剰余金の配当等の支払いは、株主名簿に記載された株主の住所宛に通知、郵送等をしなければならない。

2　名義貸与承諾証明書

　株式会社の設立時または相続時に、株主としての名義を借りる場合は、名義貸与人の名で「名義貸与承諾書」を作成する。名義貸与株式である事実関係を明確にしておく。

　しかし、名義貸与承諾書を作成し、かつ保管している現オーナー経営者は非常に少なく、作成していないケースがほとんどである。このような場合、改めて名義株主に承諾を得て、同書を作成しなければならない。

　その場合、必ず公証人役場において、書類を作成したことの事実および年月日を託するため「確定日付」を受領することが必要である。また、名義貸与者の「自署」「押印」とする。さらに、押印は実印とし、「印鑑証明書」を添付しておく。

　会社が株主名簿を正式に作成しておらず、「剰余金配当の支払い」の支払先を、現オーナー経営者等の実質株主に対する振込み等で確認証明できるときは、その証拠書類等の証票を説明し、株主等の名義変更をすれば認められるであろう。なお、剰余金の配当の支払いを受けた現オーナー経営者等の実質株主は、確定申告書に配当所得を申告していなければならないのはいうまでもない。

　会社はその後、正式な株主名簿を、会社法の定めに従って作成および保管しておくことが必要である。

3　真正な株主の確定方法

　名義株主が多くいると、全員の名義貸与承諾証明書の受領が困難であることもある。株式の評価が高額で名義株主の株式財産が多額になっているため、現オーナー経営者から承諾を求められても、拒絶される可能性がある。では、どのように対策を考えればよいか。なお、剰余金の配当の支払いはなく、実質株主の証明はできない。

　①　剰余金の配当の支払いをし、実質株主に振込み等で支払って、配当所得の申告を行う。

　②　法人税の申告書別表二の株主名義を変更すべきであれば訂正する。

II　名義株式の株主に対する対策

③　税務当局が有する疑念の対処

　法人税の申告書別表二の訂正および法人税調査において株主名簿の変更理由の質問がなされる。税務当局は、真正な株主は訂正前の株主であり、贈与税を免れるために名義株式として処理したのではないかとの疑念をもつ。仮にそのように考えないと贈与税の課税機会の喪失になるからである。

　このような場合、真正な株主に対する剰余金の配当の支払実績および配当所得の申告により、贈与でないことを税務当局に説明する。通常、剰余金の配当がなされているにもかかわらず、名義株主から何らの要求がないのは、名義株式であることの証明といえる。

④　会社は「実質株主」を株主名簿に記載し、会社法の規定に従って作成および保管を行う。

第 9 部　事業承継と「事業の信託」

I 新信託法と「事業の信託」

1 「事業の信託」とは

　新信託法（2007年9月30日施行）を活用した「事業承継における『事業の信託』」が注目されている。これは、株式等の承継により会社の事業を個人後継者（旧代表者の子供）に引き継がせるのではなく、財産と債務の集合体としての事業そのものを信託に移転させる取引である。一定期間、事業の運営を受託者に委ね、信託期間の満了後に受益者に事業を帰属させるのである。

　また、自己信託（委託者がみずから受託者となって信託財産を管理する信託。2008年9月30日施行）による「事業の信託」スキームも検討に値する。

　信託法および信託制度自体、一般に馴染みの薄い法制度である。「事業の信託」は、なおさらである。信託制度を事業承継に使うことは、これまでなかったといっても過言ではない。

　しかし、「事業の信託」は、信託制度の利点を生かすことにより、事業承継において新たな選択肢となるものと考えられる。信託法の抜本的改正およびそれに対応して信託税制が整備されたことにより、事業承継対策としての「信託」の活用が期待される[88]。

2 信託法の概説

(1) 信託の定義

　信託とは、「信託契約、遺言または自己信託のいずれかにより、受託者が一定の目的に従い、財産の管理または処分およびその他の当該目的の達成の

---

(88) 有吉尚哉「事業承継における「事業の信託」の利用可能性」ビジネス法務2008年8巻5号122頁～128頁、武井一浩・上野元・青苗尚哉「事業信託と会社分割・経営委任との相違点」商事法務1821号106頁以下、田中和明『新信託法と信託実務』（2007年、清文社）329頁以下。

ために必要な行為をすべきものとすること」である（信託法（以下、「信法」という。）2条1項）。

具体的には、自益信託、他益信託、事業信託、自己信託、目的信託がある。以下、各信託について概観する。

(2) 事業承継と信託

「自益信託」および「他益信託」は、従来、信託銀行が行ってきたものである。

第1に、自益信託とは、委託者＝受益者となる信託である。例えば、貸付信託、投資信託などである。

第2に、他益信託とは、委託者≠受益者となる信託である。

第3に、事業信託（信法2条9項、21条1項）とは、企業の事業そのものを負債も含めて信託の対象とする信託である。信託した事業で損失が出ても企業自体には影響しない。事業承継において、後継者がいない場合に、経営能力のある第三者に事業信託をすれば、事業承継の有益な方法となる。

第4に、自己信託とは、委託者＝受託者となるものである。自分で勘定を分けて、自分を「信じて託する」のであり、分社と同様の効果がある。

第5に、目的信託とは、受益者の定めのない信託である。目的信託を設定する方法には、①信託契約による方法、②遺言による方法の2つがある。どちらもその信託の存続期間は20年を超えることはできない。例えば、死後の財産の管理を信託会社に信託するのである。

このうち、「事業承継における『事業の信託』」では、信託契約による信託が対象となる。

3 事業信託の具体的活用

(1) 事業そのものを信託

事業承継において、後継者がいない場合、財産と債務の集合体としての事業そのものを信託会社に移転させる。信託期間を定めて、事業の運営を受託者に委ねる。対象会社の事業を負債も含め、信託の対象とする[89]。従来の

---

(89) 福田正之・池袋真実・大矢一郎・月岡　崇『新信託法』（2007年、清文社）88頁〜97頁。

オーナー経営者は受益者となる。なお、信託会社については、後述する。

(2) 事業の中継ぎ

後継者がいない場合、または後継者が育つまで、経営能力のある第三者（信託会社）に事業信託するのである。中継ぎ的に信託を活用し、将来後継者として育った場合、信託を終了し、後継者自身で経営を行うのである。信託を継続し、受益者のままでいることも当然に可能である。

一般的には、現オーナー経営者が、生前に信託会社と信託契約を結び、現オーナー経営者自身が受益者となり、相続によって受益権を承継者（後継者）に相続させることが多いと考えられる[90]。

(3) 会社分割的な活用

不動産賃貸業など経営能力のあまり必要でない部分は、経営能力が備わっていない後継者が経営する。しかし、他の事業は信託会社に事業信託をして受益者となり、信託終了後に自身で経営する。後継者が経営能力を身につけるまで、時間的猶予となる。

問題点は、信託時点で受益者たる現オーナー経営者の子供に贈与税が課されることである。しかし、信託事業に将来性がある場合など受益者にメリットがある場合、有用である。

(4) 遺産分割に活用する方法

現オーナー経営者の長男Xに経営能力がない場合、事業部門Aを信託受益権で相続させる。他方、経営能力のある長女Yに事業部門Bを相続させる。同族間の紛争を予防をすることもできる。

4 信 託 契 約

(1) 概　説

信託契約によって信託を設定する場合、信託を設定しようとする者（委託者）が、信託を引き受けようとする者（受託者）との間で信託契約を締結する。当該信託契約に基づき、委託者が有する財産（信託財産）を、受託者に譲

---

[90] 牧口晴一・齋藤孝一・前掲注（81）274頁以下。

渡して信託（信託譲渡）を設定する。受託者は、信託財産として引き受けた財産について、信託の利益を享受する者（受益者）のために、信託の目的に従って信託財産の管理等の行為を行う。

(2) 消極財産（債務）の信託

消極財産（債務）を信託することはできず、財産と債務の集合体である事業を信託することはできない。もっとも、信託前に生じた委託者が負担する債務であり、信託財産責任負担債務とする旨の信託契約の定めがある債務を信託財産責任負担債務とすることができる（信法21条1項3号）。すなわち、信託財産責任負担債務とは、信託財産に属する財産をもって履行する責任を負う債務である。

信託契約の定めにより、積極財産の信託と合わせて債務引受けをし、実質的に、事業を信託したのと同様の状態を作出することが可能となる（信法21条1項3号）。信託制度は、事業を運営することに適した制度になっている[91]。

(3) 限定責任信託

信託財産責任負担債務について、受託者は、原則として信託財産だけではなく、固有財産によっても責任を負担する。しかし、債権者との間で信託財産に属する財産のみをもってその履行の責任を負う旨の合意（責任財産限定特約）がある場合、受託者は、信託財産に属する財産のみをもってその履行の責任を負えば足りる。

信託法上、「限定責任信託」という制度が設けられており（信法216条以下）、限定責任信託は受託者が取引の相手方に対する明示義務を果たす限り、信託財産責任負担債務に係る債務に基づいて固有財産に属する財産に対し強制執行等をすることはできない（信法217条、219条）。

受託者は信託財産責任負担債務に関して無限責任を負担する。しかし、当該責任の範囲を信託財産に限定することもできる[92]。

(4) 倒産リスクの回避

信託契約に基づく信託において、信託財産は委託者から受託者に移転し、

---

(91) 寺本昌広『逐条解説新しい信託法』（商事法務、2007年）84頁。
(92) 福田正之・池袋真実・大矢一郎・月岡　崇・前掲注(89) 331頁。

受託者に帰属する。委託者の債権者は、信託財産を引当てとすることはできない。

信託財産は受託者から独立させることができ、受託者固有の債権者は信託財産について強制執行等をすることはできない（信法23条1項）。受託者に法的倒産手続が開始された場合、信託財産は当該手続の対象とならない（信法25条）。

このように、信託財産は委託者からも受託者からも独立し、倒産リスクからの回避が図られている。

第9部　事業承継と「事業の信託」

Ⅱ　「事業の信託」の具体的内容

1　前提となる要素

　X会社の現オーナー経営者Aは高齢から会社経営が辛くなり、子供Bを後継代表者と考えていた。しかし、X会社は業績が悪化し、Bはまだ経営者として未熟であり、ただちに、BにX会社の承継をさせるのは困難であった。

　そこで、BがX会社の後継者となるまで、一定期間を、第三者Yを受託者として、「事業の信託」を設定するのである。

2　「事業の信託」の手順

　事業承継のための事業の信託として、つぎのスキームが考えられる。これは、直ちに事業承継を行うことが難しい事情がある場合であっても、「事業の信託」を利用することにより、事業承継の円滑化を図ることが可能である。

(1)　信託契約の締結

①　X会社の現オーナー経営者A（委託者）は、X会社の事業経営を第三者Y（受託者）と信託契約を締結する。

②　信託契約に基づき、財産の信託および債務の引受けにより、「事業の信託」を設定する。

③　委託者Aは、Yから受益権を取得し、信託は限定責任信託とする。

(2)　収益の分配

①　受託者Bは、X会社の事業経営に係る事務を執り行い、当該事業によって生じた収益から、報酬を収受する。

②　残余の収益は、委託者であり受益者であるAに分配される。

(3)　受益権の譲渡

①　委託者Aは、信託終了時に信託財産の交付を受け取ることができる受

益権を、後継者Bに譲渡する。

② 受益権の譲渡は、信託契約の締結後かつ信託終了時までに行う。

(4) 事業の承継

① 信託終了により、受託者Yは信託財産を後継者Bに交付し、信託に帰属していた債務を引受けさせる。

② この結果、BはX会社の事業経営を承継する。

③ 信託契約は、一定の期間または一定の事由の発生（例えば、X会社の運営を継続する体制が整った段階）により、終了すると定める。

④ なお、Bに対し、受益権を譲渡させるのではなく、委託者Aが受益権を有したまま、X会社の事業承継が整った段階で、信託を終了させることも可能である。

第 9 部　事業承継と「事業の信託」

Ⅲ　事業承継と他の信託

1　自己信託

(1)　自己信託の要件

　自己信託とは、委託者と受託者が同じである信託をいう（信法 3 条 3 項）。自分で帳面（勘定）を分けて、自分を「信じて託する」のである。濫用を防ぐ措置として、以下を要件とする[93]。

　第 1 に、信託の設定は、公正証書によらなければならない。第 2 に、委託者の債権者は信託として別に管理されている財産に対しても強制執行できる、などである。自己信託は、新信託法の施行日からさらに 1 年を経過してから施行される。

(2)　活用方法

　① 　信託宣言　　事業承継の対象会社において、後継者に経営能力がないため、能力のある第三者に信託させるだけでなく、自社に人材がある場合であっても、自己信託は有用である。

　自己信託は、「自ら信託行為をします。」と宣言（以下、「信託宣言」という。）し、事業ごとに分けることができる。企業組織再編の法的手続を簡素化し、分社か、それと同等以上の効果が見込める[94]。

　しかも、信託を設定した段階では、信託財産は同じ法人内での移動にすぎないため、課税も生じない。後継者が複数存在する場合、同族内での紛争防止にもなる。

　② 　信託受益権の売却　　後継者が事業承継の対象会社の自社株式を相続した場合、納税資金を工面する必要がある。会社が自己株式として買取るにしても、剰余金の分配可能額の範囲内である（会社法 461 条 1 項）。

---

(93)　福田正之・池袋真実・大矢一郎・月岡　崇・前掲注 (89) 146 頁。
(94)　平川忠雄「自己信託の事業への活用～受託者課税」月刊税理 22 頁（2007 年 4 月号）。

そこで、後継者は、ある事業部門を自己信託し、その信託受益権を現預金を比較的多く相続した相続人に買取ってもらうことで、納税資金とすることができる。

現オーナー経営者が生前中に、ある事業部門を自己信託し、それを後継者に相続させることで、前記の方法を採れば事業承継対策となる。

(3) 課　税

信託を設定した段階では、法人税はかからない。信託財産から生じる毎年の所得については、受益者課税ではなく、法人課税となる。ただし、自己勘定部分と信託勘定部分はそれぞれ別個の単体法人とみなして、別個に法人税の申告を行う（法人税法4条の6）。

「自己信託」において、法人が委託者となる一定の場合、毎年の所得について、受託者に対し法人税が課される。第1に、「その法人の事業の重要な一部又は全部が信託され、かつその受益権の50%超をその法人の株主に交付することが見込まれるもの」は、受託者の固有財産から生ずる所得とは区別して法人税が課税される（法人税法2条29の2号ハ(1)）。ここで「事業の重要な一部」とは、会社資産の5分の1以上を言う。

第2に、「受託者がその法人又はその法人との間に特殊の関係のある個人若しくは法人（特殊関係者）であり、かつ、その信託財産の存続期間が20年を超えるもの」である（法人税法2条29の2号ハ(2)）。20年以下なら法人課税はない。

第3に、「受託者がその法人又はその特殊関係者であり、かつその受益権の一部をその法人の特殊関係者が保有する信託で、その特殊関係者に対する損益の分配割合が変更可能である信託」である。委託者の法人で課税される（法人税法2条29の2号ハ(3)）。

2　目的信託

(1) 概　説

目的信託とは受益者の定めがなく、一定の目的のために設定する信託である（信法258条、259条）。設定方法として、①信託契約による方法、②遺言による方法、がある。どちらも信託存続期間は20年を超えることはできない。

(2) 活用方法

① **特定目的の信託利用**　会社の業績に貢献した者に奨励金を支給する私的ノーベル賞、創業者記念館、慈善またはボランティア基金、委託者の死後における財産管理およびペットの飼育などの目的のため、個人財産を信託会社に信託するのである。従来、これらは目的が公益であると限定できないため、公益信託の許可が受けられなかったものである。

② **相続のバイパス**　例えば、相続人が浪費家であり、孫に遺贈をしても、財産を管理する親（相続人）が使い込んでしまう場合がある。

そこで、孫に遺贈した財産につき、死後の財産管理を信託会社に委託する。将来受益者として孫が確定したら孫に渡す。贈与税が課されるが、親に浪費されてなくなってしまうよりも良い。

(3) 目的信託の課税

「目的信託」の課税は、信託契約による場合の課税（委託者は、個人・法人共可）および遺言により設定された目的信託の課税（委託者は個人のみ）がある。

第1に、生前に信託契約によって、信託会社に委託者から信託財産が移転する。委託者に対して譲渡所得税（または委託者が法人の場合には、寄付金課税）が生じる。受託者である信託会社では、その受贈益に対して法人税が生じる。

第2に、遺言により設定する目的信託の場合、相続開始によって効果が発生する。課税関係は第1と同様である。委託者の死亡で、その委託者の地位を、相続人は引き継ぐことができない（信法147条）[95]。

3　受益者連続型信託

(1) 概　説

受益者連続型信託は、財産分割の新たな手法である。例えば、Aの死後はBを受益者とし、Bの死後はCを受益者とする旨の定めをする信託である（信法91条）。信託から30年を経過した後、指定された受益者が死亡する（または受益権が消滅する）までの間、効力を有する。

---

[95] 牧口晴一・齋藤孝一・前掲注 (81) 280頁。

(2) 活 用 方 法

① **息子の嫁に遺産をやりたくない**　例えば、「息子の嫁に遺産をやりたくない。息子に相続させた財産はすべて孫に相続させたい。」という信託契約である。すなわち、「自分の遺産は相続人である息子が受け取る。しかし、息子に相続がなされると、息子の財産の半分は息子の嫁に相続されてしまう。孫もその頃には成人しているので、息子の死後は孫に相続させたい。」という旨を信託契約するのである。

息子の妻には遺留分はあるが、財産分割の新たな手法といえる。

② **妻の再婚相手に相続させたくない**　子供のいない夫婦が、自己の財産を妻に、妻が死亡した後は妻の相続人でない、自分の甥または姪に相続させたい場合、信託を設定する。受益者を妻とし、妻が死亡した後は自分の甥または姪とする。そうしないと妻の父母、兄弟、妻の再婚相手に自己の財産が相続されてしまう。これを防ぐためである。

③ **後継者が幼少のための対策**　後継者である子息が幼少のため、妻に事業を承継させて、本来の後継者を育成してから、子供に事業を継がせる。妻の再婚相手に事業および財産を持っていかれる心配をなくすのである。従来は、いったん相続人の財産となった財産は、当該者の私有財産となり、指図はできなかった。

(3) 課　　税

例えば、新信託法上、委託者Aが受託者（信託会社）と信託契約を締結する。Aの死亡により、B（相続人）が受益権を取得するが、Cを受益者としておけば、Cに対し遺贈により取得したものとみなして、相続税を課すことになる。

第9部　事業承継と「事業の信託」

Ⅳ 「事業の信託」のメリット

　新信託法に基づく「事業承継における事業の信託」のメリットとして、以下のことが挙げられる[96]。

1　関係者の倒産・死亡からの隔離

(1) 原　　則
　信託は委託者および受託者から、会社の倒産隔離（回避）が認められる制度である。「事業の信託」を利用することにより、当事者の信用リスクの影響を制限して、事業の承継を行うことが可能となる。

(2) 具 体 例
　例えば、Aが現オーナー経営者であるX会社において、事業の信託を用いた場合、受託者Yの固有の債権者は、Yに対する債権をもって、X会社に負担させることはできない。Yが倒産に至った場合、またはX会社の信託財産の運営が滞ることによる資産の劣化の可能性があった場合であっても、Yが分別管理を果たしている限り、X会社の財産は保全されることになる[97]。
　また、X会社の支配権をAに帰属させたまま、受託者Yに対し経営委任を行い、後継者BにX会社を承継する体制が整った時点で、Yに対する委任を解除し、BにX会社を承継させることも考えられる。
　しかし、当該取引を行った場合、Yは経営委任の報酬をAから受け取ることになる。X会社自体は良好な状態であったとしても、Aの信用状況が芳しくない場合、報酬が未払いとなるリスクから、経営委任を受けることにYが

---
(96) 福田正之・池袋真実・大矢一郎・月岡　崇・前掲注（89）124頁。
(97) 事業の信託を用いるのではなく、Aが営むX会社をいったん受託者Yの固有財産に帰属させる。後日、YからBにX会社の経営を移転することにより事業承継を行おうとした場合、X会社がYに帰属している間、X会社に属する財産がYの信用リスクにさらされる。Yのその他の事業によって生じた債務の引当てとなってしまう。

IV 「事業の信託」のメリット

躊躇することが予想される。

X会社はAの信用リスクにさらされるため、Bへの承継がなされる前にAの信用状況次第でX会社およびその信託財産が減損してしまう可能性がある。さらに、Aが死亡してしまうと、その時点で相続が生じ、予定していたスケジュールに従って、BにX会社を承継させることができなくなる。

(3) 委託者の死亡

事業の信託を用いることにより、委託者および受託者からの倒産隔離を達成でき、委託者が死亡した場合であっても、当初の意図に沿った事業承継が可能となると考えられる。

個人が営む事業を対象として事業の信託を設定する場合、遺言代用の信託（典型的には、委託者がその財産を信託し、生存中は委託者みずからを受益者とし、委託者死亡後の受益者を委託者の配偶者や子などと定めることによって、委託者の死亡後における財産の分配を信託によって実現しようとする。）としての意味合いももつことになりうる。

遺言代用の信託に関しては、信託法90条および148条に特例が定められている。

2　対象事業のリスク回避

受託者は、信託財産責任負担債務に関して無限責任を負う。限定責任信託を利用することによって、責任を限定することが可能となる。

前記事案にみる事業の信託においても、限定責任信託を利用することにより、YはX会社のリスクをみずからの固有財産からは隔離してX会社を運営することが可能となる。

前記のようにX会社をいったんYに帰属させた後、Bへの事業承継を行おうとする場合、YはX事業のリスクをみずからの固有財産によって負担することが必要となる。

そのため、X会社に損失が発生した場合、Yの固有財産も毀損しうることになる。そこで、X会社の信用リスクが高い場合、事業承継のスキームのためにみずからの固有財産としてX会社を帰属させることに、Yは躊躇することが予想される。

201

第9部　事業承継と「事業の信託」

　事業の信託を用いることにより、対象となる事業のリスクを受託者の固有財産から隔離して事業承継の間をつなぐための一時的な事業運営を受託することが可能になると考えられる。

3　スキームの柔軟性と受託者の責任

　事業承継の方法として、X会社を現オーナー経営者であるAから、新たに設立するP会社に移転した上で、Yにその運営を委ね、後日、P会社からBにX会社を移転させることも考えられる。

　もっとも、会社をそのような器として用いる場合、機関設計・意思決定手続・剰余金の配当・残余財産の分配などに関し、会社法上の制約が課せられることになる。

　これに対し、「事業の信託」を用いた場合、受益者側の意思決定方法・手続について信託契約によって柔軟に定めることができる。また、受益者が享受する信託の収益の分配時期および方法も、会社法の規制に従う株式会社の配当と異なり、原則として信託契約によって自由に定めることができる。

　ただし、限定責任信託を利用する場合などには一定の制約がある。このように事業の信託では契約自治に基づいた柔軟なガバナンス構造が設計できることになる。

　また、受託者Yは、信託法に基づき受益者のために善管注意義務・忠実義務・分別管理義務などの受託者としての義務を遵守しつつ対象事業の管理を行うことが必要となる。

　そこで、会社を器として用いるスキームよりも責任をもったX会社の運営が期待しやすい。

Ⅴ 信託会社の要件

　前記のように、事業の信託を事業承継のために利用することにはメリットがあると考えられる。一方で、そのようなスキームを実現するために実務上および理論上、課題となる論点は多い[98]。

1 信託業規制

(1) 信託業の規制概要

　信託の引受けを行う営業は原則として信託業に該当し、信託業を営む者は信託会社（または信託兼営金融機関）としての免許または登録が必要となる。信託会社は、信託法に加え、信託業法の規制を受ける。受託者である信託業ができるのは信託銀行に限定されていたが、信託会社であればよい。
　信託会社は内閣総理大臣による免許制（信託業法（以下、「業法」という。）3条）であり、ビル賃貸業など信託財産を譲渡するといった業務だけをなす管理型信託業は登録制である。登録は3年毎の更新が必要であり（業法7条）、最低資本金（信託業：1億円、管理型信託業：5,000万円）（業法5条3項）、営業保証金の供託（信託業：2,500万円、管理型信託業：1,000万円）（業法11条）、兼業制限（業法16条）など金融庁の管理規制がある。

(2) 信託業法上の「営業」

　「信託の引受けを行う営業」の解釈に関し、監視は原則として信託業に該当する。信託業法上の「営業」とは、営利の目的をもって反復継続して行うことであると説明されている[99]。
　事業の信託を引き受けることが信託業に該当する場合、信託会社または信託銀行（以下、「信託会社等」という。）以外の者が受託できないことになる。

---

　(98) 福田正之・池袋真実・大矢一郎・月岡　崇・前掲注（89）138頁。
　(99) 高橋康文『新しい信託業法』（第一法規、2005年）58頁。

では、どのような状況であれば、信託の引受けを「反復継続して行う」ことになり、信託業に該当することになるのかは必ずしも明確ではない。当事者が限定されており、委託者および受益者の保護に反しないような事業の信託の引受けについては、信託業法の規制対象とならないように柔軟な運用が行われることが望まれる。

他方、信託会社等を受託者とする事業の信託を検討する場合、信託の対象となる事業を運営することと業法上の規制の適用関係について整理することが必要となる。

とりわけ、兼業規制との関係では、信託会社等が受託者として対象となる事業を運営することが認められるのか。また、対象となる事業を直接運営することが認められないのであれば、一定の範囲の事務をアウトソースすることによって兼業規制に抵触しないと解釈できないかのかが論点となる。

(3) 適用除外

自己信託につき、政令によって、50人超の投資家から資金調達しない場合、信託業法の規制を受けない（業法50条の2）[100]。受益者が50人以下なら信託業法の規制は受けないが、受益者の人数は信託ごとにカウントするため、少人数の信託を繰り返しても信託業法の規制を受けることはない。

信託法により、信託受益権を有価証券として発行し、不特定多数からの資金調達のために、自社の事業の一部等を自己信託する場合、信託業法の規制に服する。業として信託会社を営む会社に支払う費用は一般的に高額であり、自己信託することが考えられる。

事業信託については、反復継続性および営利性があるか否かにより信託業法の規制を受けるか否かが決まる。例えば、事業再編目的なら反復継続的とは言えないので適用外になる。

2 受託者の責任

(1) 受託者の義務

受託者には信託法上の種々の義務が課せられる。特に受託者が信託会社等

---

[100] 長島・大野・常松法律事務所　福田正之共著『詳解新信託法』（2007年、清文社）106頁〜107頁。

である場合、業法上の義務も課せられることになる。例えば、受託者は信託法に基づき、善管注意義務（信法29条）および分別管理義務（信法34条）を負う。賃金および人材など、流動が大きく、事業部門別管理は容易ではない。

また、善管注意義務などの義務を信託契約の定めによって軽減することも困難となる。

(2) 責任軽減の施策

対象となる事業に関して受託者に重い責任が課せられることにより、事業の信託における受託者が現れない可能性がある。

例えば、株式会社の取締役が行う業務執行については、いわゆる経営判断の原則など結果責任を問われない考え方がある程度確立してきている。「事業の信託」の受託者に関しても責任の内容が合理的な範囲に収まるよう理論的な検討が望まれる。

3 体制の整備

事業の信託の受託者には、受託した事業を管理および運営するだけではなく、受託者に求められる分別管理義務および忠実義務を遵守するための体制を整備することが求められる。

この点、財産と債務が一体となった事業を管理することが求められる事業の信託は、既存の信託と求められる事務およびリスクの点で大きく異なるものである。そこで、信託会社等が事業の信託を受託する場合、受託する事業を管理および運営する体制を整えることは必ずしも容易ではないと思われる。

一方、対象となる事業に近い事業を営んでいる企業が事業の信託を受託しようとする場合、分別管理義務および忠実義務との関係で、固有の事業との分別管理を達成し、利益相反を回避するための体制の整備が困難となることも予想される。

このように、事業の信託の受託者となるための体制の整備は、事業の信託の利用に際しての実務上の大きな課題となる。

第9部　事業承継と「事業の信託」

Ⅵ　事業の信託に係る課題

1　手続的負担

　信託契約に基づく信託譲渡により、事業の信託を行う場合、対抗要件の具備および債務引受けに関する手続（免責的債務引受けの場合、債権者の承諾）に加え、委託者が株式会社である場合、会社法上の事業譲渡の手続を要する。
　委託者が会社の場合であっても、合併および会社分割の場合のように債務引受けに関して手続を簡素化するような制度がないため、対象となる事業に含まれる財産および債務の数・内容次第では、事業の信託を行うための手続的な負担が大きなものとなり得よう。さらに、労働契約に関する権利関係も信託の対象とする場合、労働法上の検討の必要性が生じうる。

2　関係者の理解・先例の欠如

　事業の信託は新しい取引であり、広く認知されるには至っていない。また、そもそも信託制度についても、これまでは限られた分野の取引で用いられることが大半であり、一般に周知された制度とは言い難い。
　信託自体および事業の信託とはどのような制度なのか、事業の信託に関わる権利関係はどのようになるのかという基本的な事項が認知されない限り、事業の信託が利用される機会が生じにくい。
　また、事業の信託あるいはそれに類似する取引の先例は多くはなく、学説においてもほとんど議論がなされていないため、何らかの問題が発生した場合における予測可能性が乏しい。信託制度自体および事業の信託に関する検討が求められる。

3　税務・会計

　実際に事業の信託を利用するためには、税務面および会計面の検討も不可

欠となろう⁽¹⁰¹⁾。

---

(101) 佐藤哲治『よくわかる信託法』(2007年、ぎょうせい) 134頁以下。吉田健太郎「実務対応報告第23号「信託の会計処理に関する実務上の取扱いについて」会計・監査ジャーナル628号43頁以下。

第10部　事業承継の計画

Ⅰ 事業承継の具体案

1 事業承継の期間

　円滑な事業承継のため、自社株対策の準備から完了までには、通常3年から4年を要し、事案によっては完了までに5年以上かかる場合がある。そこで、準備として、以下のことを要する。

　①　事業承継に関する当該会社のデータ収集（例えば、現オーナー経営者個人の財産状況、家族関係の調整、会社の決算書類および内容検討）。

　②　各データと書類に基づく事業承継の方向付けおよび対策の準備書類の策定。

　③　取締役会または株主総会の決議・承認、株主の同意を得るための期間。

　④　事業承継の実行期間において、会社分割または合併等では債権者および金融機関との打合せ、了解期間および税務当局の配慮期間を合わせて3～4年以上。

　⑤　納税資金の確保および返済で「不動産購入」では3年以上、「自己株式消却対策」および「生命保険等の活用」では5年以上、である。

　このように対策の内容によっては、要する期間はさまざまであり、対策の検討および準備はより早期になすことが望まれる[102]。

2 後継者教育

　事業の承継は、単に旧代表者から新代表者への世代交代およびオーナーの株式対策のみではない。後継者は、真の経営者としての心構え、対象会社の様々な数値に基づく内容・実情、役員および株主との関係、金融機関との関係、取引先の実情など経営の全般にわたる実態を熟知する必要がある。

　また、経営者として、具体的につぎの知識は必要であろう。例えば、経営

---

[102]　髭　正博・前掲注（79）401頁以下。

第10部　事業承継の計画

管理、財務管理、販売管理、生産管理、労務管理、経営戦略、経営計画、経営統制（企業統治論、内部統制、リスクマネジメント）、経営理論（マネジメント理論）、経営組織論などである。

そのため、現オーナー経営者は、後継者および被相続人ともに、当該会社の現状および将来の方針を検討し、事業承継の具体案の策定および準備を進めていかなければならない[103]。

---

[103] 小野　攻『事業承継の上手な進め方』（2007年、経営情報出版社）52頁以下。

Ⅱ　事業承継と社会的責任

1　債務保証問題

　従業員または外部の者を事業承継の対象会社の後継者にする場合、金融機関からの借入れに際して現オーナー経営者がしている個人保証の取扱いが問題となる。

　金融機関は、代表取締役社長が交代すると、代表取締役に対し、連帯保証に加わることを求める。しかし、サラリーマン社長は多額の資産がないことが多い。また、金融機関は、（旧）経営者の個人資産に加え、その経営力を評価して連帯保証を求めている。

　形式的に社長が交代して、直ちに（旧）経営者の連帯保証の解除に応じてくれるとは限らない。当該問題は、親族内の承継でも同様のことが生じる。

　現オーナー経営者は、事業承継に先立ち、できるだけ債務圧縮に努めることが肝要となる。（旧）経営者として、できるだけ後継者の負担を軽くできるよう金融機関と交渉し、一定期間、（旧）経営者の連帯保証を継続することを条件に、その期間中の後継者の連帯保証を免除してもらうことも考えられる[104]。

2　事業承継のリスク分析

　現オーナー経営者が、事業承継対策および自社株式対策を行わずに、後継者を含めた相続人等による遺産分割のトラブルを生じさせ、多額の相続税負担を負わせ、結果的に会社の経営を悪化させるようなことは、回避しなければならない。

　相続人等による遺産分けのトラブルは、同族だけの問題にとどまらず、後

---

[104]　高橋　眞・村上幸隆編・前掲注（2）282頁〜283頁。

継者の経営意欲の低下および従業員の業務に対する士気も減じてしまうことになる。遺産の内容によっては経営基盤が侵されることもある。現オーナー経営者が保有する自社株式の評価が高額になっていることは、当然優良な会社であるということである。対象会社の業績もよく、内部留保も厚ければ、一次・二次相続の相続税の納税は、何かと工夫すれば可能になる。

　しかし、円滑な事業承継がなされないと、後継者および他の相続人とのトラブル、後継者の経営意欲に対する低下、従業員の士気の低下、会社が相続税相当額を後継者に貸与するなど現金の流出または借入金の増大による流動資金の悪化が、現実となる。

　例えば、突然な不良債権の発生、売上の減少が生じれば、以前ならば耐えられた状態であったものが、流動資金の不足により耐えられなくなってしまう。また、従業員の士気の低下が徐々に経営状況を悪くしていくケースもある。

　取引先および金融機関は、現オーナー経営者から相続等により世代交代がなされると、後継者の経営手腕を凝視している。急激な流動資金の不足または不良債権が生じたとしたら、さまざまな問題が起きるのは当然のことだからである。

おわりに

　年間約29万社の廃業企業のうち、約7万社は、事業承継が円滑になされなかったこと（例えば、後継者難など）を理由として廃業している。それにより失われる雇用は、20万～35万人であると推定される[105]。

　事業承継対策は、単に現オーナー経営者一族の生活安定のためだけにあるのではない。後継者が承継する事業会社が現オーナー経営者の築いた優良な地盤をもとに順調に進展していくことは、従業員およびその家族のためでもある。また、取引先を含む商品・製品、技術を頼りにしている者も含めれば膨大な数の人々の生活を担っている。事業承継が円滑に行われ、継続して法人税等の納税がなされることは、まさに社会基盤を支えているのである。

　経営者は企業を継続させる（ゴーイング・コンサーン）社会的責任がある。企業が社会的存在であり、企業活動を通じて社会に貢献することによって、会社は、株主、従業員、仕入先および販売先、その他関係機関など利害関係者がいる。決して企業は、現オーナー経営者だけのものではないということになる。

　事業承継に係る問題および対策は、現オーナー経営者自身が会社の将来を真剣に熟慮して、「会社の存続」を第一とし、「事業と会社財産（株式）」の両方をいかに円滑に次世代に承継させていくかを決定することである。

---

(105) 中小企業庁『中小企業白書〔2006年版〕』第3部2章1節。

〈事業承継の参考文献〉

1 中小企業基盤整備機構編『中小企業の事業承継円滑化に向けて──事業承継協議会の検討結果（平成17年10月〜平成18年6月）（事業承継協議会各検討委員会報告書）』（2006年、経済産業調査会）
2 平川忠雄・中島孝一『新事業承継法制＆税制のベクトル』（2008年、税務経理協会）
3 髭正博『事業承継・自社株対策の実践と手法』（2006年、改訂版、日本法令）
4 都井清史『中小企業のための種類株式の活用法』（2008年、金融財政事情研究会）
5 高橋眞・村上幸隆編『中小企業法の理論と実務』（2007年、民事法研究会）
6 牧口晴一・齋藤孝一『中小企業の事業承継──種類株式・M&A・信託の活用』（2007年、清文社）
7 河合保弘・LLP経営360°『「種類株式プラスα」徹底活用法』（2007年、ダイヤモンド社）
8 小野攻『中小企業事業承継の上手な進め方』（2007年、経営情報出版社）
9 日本中小企業経営支援専門家協会組織再編研究会『中小企業の組織再編・事業承継』（2007年、中央経済社）
10 福田正之・池袋真実・大矢一郎・月岡崇『〔詳解〕新信託法』（2007年、清文社）
11 企業再建・承継コンサルタント協同組合『企業承継の考え方と実務』（2007年、ダイヤモンド社）
12 大野正道編『中小企業のための事業承継の法務と税務』（1995年、税務経理協会）
13 本郷孔洋・木村信夫編『事業承継税制のニュートレンド』（2008年、税務経理協会）
14 平野敦士・藤本純也・板倉はるみ・杉田和哉編『新しい事業承継対策と実務手続』（2008年、清文社）
15 井上聡・福田政之・水野大・長谷川紘之・若江悠『新しい信託30講』（2007年、弘文堂）

◇ 索　　引 ◇

● あ行 ●

- 遺留分 …………………… 6, 17, 21, 34, 38
- 遺留分算定の除外 ……………………… 38
- 姻　族 …………………………………… 63
- 売渡請求権 …………………………… 111
- M＆A ……………………… 9, 13, 89, 173
- ──の規制緩和 ……………………… 175
- 黄金株 ……………………………… 73, 85
- 沖縄振興開発金融公庫法 ………… 19, 45

● か行 ●

- 会社分割 …………………………… 55, 165
- 確認者の死亡 …………………………… 29
- 確認申請 ………………………………… 27
- 家事審判法 ……………………………… 29
- 加重平均 ……………………………… 152
- 合併対価 ……………………………… 178
- 家庭裁判所 ………………………… 28, 31
- 株式移転 ……………………………… 166
- 株式交換 ……………………………… 166
- 株　式 …………………………………… 3
- ──等の無価値化 ……………………… 61
- ──の買取請求権 ……………………… 93
- ──の価格 …………………………… 120
- ──の再集中 …………………………… 3
- ──の市場価格 ……………………… 118
- ──の評価 …………………………… 117
- ──の分散 ……………………………… 3
- ──の無償割当て ……………………… 99
- ──(の)分散 ……………………… 3, 85
- 同族会社の── ………………………… 63
- 株式・持分評価 ……………………… 123

- 株主総会の特殊決議 …………………… 86
- 株主総会の特別決議 ………… 89, 93, 111
- 企業会計基準委員会 ………………… 153
- 議決権株式 ……………………………… 58
- 議決権基準 ……………………………… 79
- 議決権制限株式 ……………… 73, 74, 88, 98
- 議決権の分散防止 ……………………… 4
- 規定理由 ………………………………… 40
- キャッシュ・アウト・マージャー … 178
- 吸収合併 ………………………………… 9
- 旧代表者 ………………………………… 22
- ──からの贈与等 ……………………… 26
- 許可要件 ………………………………… 29
- 虚偽・不正手段 ………………………… 28
- 拒否権付種類株式 ……………… 73, 83, 85
- 金融支援 …………………… 17, 19, 40
- 経営権(の)集中 ……………………… 3, 75
- 経営承継円滑法 …………………… 17, 18
- 経済産業大臣
- ──の確認 ……………………………… 27
- ──の指導および助言 ………………… 47
- ──のチェック ………………………… 59
- 現オーナー経営者の貸付金対策 … 95, 181
- 減　資 ……………………………… 56, 182
- 限定責任信託 ………………………… 192
- 後継者 ……………………… 6, 23, 26, 28,
  29, 46, 52, 84, 211
- 後継者以外の推定相続人 ……………… 27
- 公　庫 …………………………………… 44
- 合資会社の社員退社 ………………… 122
- 高収益部門 …………………………… 164
- 公正な価格 …………………………… 117
- 合弁会社での活用 ……………………… 75

217

索　引

ゴーイング・コンサーン ……… 125, 215
ゴードン・モデル …………… 132, 147
固定合意 ……………… 21, 24, 28, 34, 38

◆ さ行 ◆

債務保証 …………………………… 213
参加型および非参加型優先株式 …… 81
三角合併 …………………………… 178
死因贈与 ……………………………… 63
自益信託 …………………………… 190
支援措置 ……………………………… 46
事業承継相続人 ………………… 52, 62
事業承継 ……………………………… 8
　　──の計画 ……………………… 211
事業(の)信託 …… 10, 189, 190, 194, 200
資金調達 ……………………………… 89
自己信託 …………………………… 196
自社株式 ……………………………… 19
実質株主 …………………………… 183
支配力 ……………………………… 158
死亡日 ………………………………… 56
収益還元方式 ……………………… 129
従業員 ………………… 9, 22, 85, 176
従業員持株会 ……………… 88, 91, 100
受益者連続型信託 ………………… 198
受託者の責任 ……………………… 204
10%評価減特例 ………………… 49-51
取得条項付株式 …………………… 88
取得条項付新株予約権 …………… 105
取得請求権付株式 ………………… 90
種類株式 ………………… 74, 81, 105
　　──の評価 …………………… 153
純資産 ……………………………… 173
純資産価額方式 …………… 126, 128
消極財産（債務） ………………… 192
上場 ………………………………… 169
上場会社との合併 ………………… 177
譲渡制限株式 …………… 74, 80, 81, 96

除外合意 ………………… 21, 24, 32, 34
新株の割当て ……………………… 100
新株予約権 ………………………… 103
　　──の無償付与 ……………… 104
　　給与報酬としての── ……… 105
新事業承継税制 ……… 17, 18, 47, 48, 60
心　証 ……………………………… 29
新設合併 ……………………………… 9
親　族 ……………………………… 63
親族内承継 ……………………… 10, 12
信託業規制 ……………………… 203
信託業法上の「営業」 …………… 203
信託契約 …………………… 191, 194
信託受益権 ……………………… 196
信託制度 …………………… 10, 189
信託宣言 ………………………… 196
信用保険 ………………………… 43
信用保証協会 …………………… 44
信用力の低下 …………………… 40
推定相続人 …………………… 23, 38
生前贈与 ………………… 7, 18, 34
先買権者 ………………………… 96
全部取得条項付株式 ………… 92, 93
専門家証明 …………………… 24, 36
相続時精算課税制度 ………… 59, 60
属人的種類株式 ………………… 86
租税回避行為防止策 …………… 66

◆ た行 ◆

第三者割当増資 ………………… 91
第 2 次後継者 …………………… 23
他益信託 ………………………… 190
担保保険 ………………………… 44
中小企業信用保険法 ……… 19, 43
追加合意 ………………… 21, 24, 38
妻の再婚相手 …………………… 199
定　款 …………………………… 83, 87
　　──の記載事項 … 81, 82, 87, 89, 92, 95

218

索　引

──の記載例 …………………… 78	複数会社 ……………………………… 54
──の定め ………………… 80, 82, 83	普通保険 ……………………………… 44
ディスカウント・キャッシュ・	不動産管理会社 ……………………… 67
フロー方式（DCF方式）…… 139, 143	法人税 ……………………………… 149
適格合併 …………………………… 177	◆ ま行 ◆
敵対的M＆Aの防衛策 ……………… 89	
同族株主 …………………………… 79	民　法 …………………………… 4, 18
同族株主グループ ………………… 94	息子の嫁 …………………………… 199
同族関係者グループ ……………… 133	名義株主 …………………………… 183
特定事業用資産 …………………… 63	目的信託 …………………………… 197
特例合意 ……………………… 18, 28-30	持株会社 …………………………… 67
特例中小企業者 …………………… 21	持分会社 …………………………… 121
◆ な行 ◆	◆ や行 ◆
内部者取引規制 …………………… 169	役員選任権付株式 …………… 81, 94
二次相続 …………………………… 54	融資支援 …………………………… 46
日本政策金融公庫法 ………… 19, 45	優先株式 ……………… 68, 81, 82, 96
認定中小企業者 …………………… 43	猶予税額 ………………… 50, 52, 61
納税資金の確保 …………………… 68	幼少の後継者 ……………………… 199
納税猶予 ………… 17, 48, 49, 64, 67, 69	◆ ら行 ◆
◆ は行 ◆	
配当還元方式 ……………………… 130	利益の圧縮 ………………………… 163
配当優先株式 ………………… 68, 81, 96	利子税 ……………………………… 68
バブル部分 ………………… 129, 139, 146	リスク …………………………… 201, 213
払戻持分額 ………………………… 121	類似業種比準方式 ………………… 125
筆頭株主グループ ………………… 133	累積型および非累積型優先株式 …… 82
評価時点 …………………………… 35	連帯保証 …………………………… 213

219

〈著者紹介〉

今川 嘉文（いまがわ よしふみ）

- 1962年　大阪府生まれ
- 1996年　神戸大学大学院法学研究科博士後期課程中退
　　　　時事通信社、大阪府立大学助教授を経て、
- 2003年　神戸学院大学法学部教授
- 2004年　神戸学院大学法科大学院教授（商事法専攻）
- 博士（法学）神戸大学

〈主要著書〉

『実務家の疑問にこたえる新会社法の基本(第2版)』(中央経済社・2006年)
『過当取引の民事責任(補訂版)』(信山社・2006年)
『相場操縦規制の法理』(信山社・2001年)
『新・アメリカ商事判例研究』(共著、商事法務・2007年)
『新しい金融商品取引法の理論と実務』(共著、経済法令研究会・2007年)
『現代企業法入門(第4版)』(共著、中央経済社・2006年)他

理論と実際シリーズ
2
企業法

❀※❀

事業承継法の理論と実際

2009(平成21)年2月25日　第1版第1刷発行

著　者　今　川　嘉　文
発行者　今井 貴・渡辺左近
発行所　株式会社　信山社

〒113-0033　東京都文京区本郷6-2-9-102
Tel 03-3818-1019　Fax 03-3818-0344
info@shinzansha.co.jp
エクレール後楽園編集部　〒113-0033 文京区本郷1-30-18
笠間才木支店　〒309-1611 茨城県笠間市笠間 515-3
笠間来栖支店　〒309-1625 茨城県笠間市来栖 2345-1
Tel 0296-71-0215　Fax 0296-72-5410
出版契約 2009-5832-5-01010　Printed in Japan

©今川嘉文, 2009　印刷・製本／松澤印刷・渋谷文泉閣
ISBN978-4-7972-5832-5 C3332　分類325.150a011-a002 企業法
5832-0101:012-010-005 p248:b1500:P3600《禁無断複写》

「理論と実際シリーズ」刊行にあたって

　いまやインターネット界も第二世代である「web2.0」時代を向かえ、日本にも史上類をみないグローバリゼーションの波が押しよせています。その波は、予想を超えて大きく、とてつもないスピードで私たちの生活に変容をもたらし、既存の価値観、社会構造は、否応もなくリハーモナイズを迫られています。法、司法制度もその例外ではなく、既存の理論・判例や対象とする実態の把握について、再検討を要しているように思われます。

　そこで、わたしたちは、現在の「理論」の到達点から「実際」の問題、「実際」の問題点から「理論」を、インタラクティブな視座にたって再検討することで、今日の社会が回答を求めている問題を検討し、それらに対応する概念や理論を整理しながら、より時代に相応しく理論と実務を架橋できるよう、本シリーズを企図致しました。

　近年、社会の変化とともに実にさまざまな新しい問題が現出し、それに伴って、先例理論をくつがえす判決や大改正となる立法も数多く見られ、加えて、肯定、否定問わず理論的な検討がなされています。今こそその貴重な蓄積を、更に大きな学問的・学際的議論に昇華させ、法律実務にも最大限活用するために巨視的な視座に立ち戻って、総合的・体系的な検討が必要とされるように思います。

　本シリーズが、新しい視軸から集積されてきた多くの研究と実務の経験を考察し、時代がもとめる問題に適格に応えるため、理論的・実践的な解決の道筋をつける一助になることを願っています。

　混迷の時代から順風の新時代へ、よき道標となることができれば幸いです。

　　2008年12月15日　　　　　　　　　　　　信山社　編集部

判例総合解説シリーズ

分野別判例解説書の新定番 　　　　　実務家必携のシリーズ

実務に役立つ理論の創造

緻密な判例の分析と理論根拠を探る

権利能力なき社団・財団の判例総合解説
河内 宏（九州大学教授）　2,400円
●民法667条～688条の組合の規定が適用されている、権利能力のない団体に関する判例の解説。

錯誤の判例総合解説
小林一俊（亜細亜大学名誉教授）　2,400円
●錯誤無効の要因となる要保護信頼の有無、錯誤危険の引受等の観点から実質的な判断基準を判例分析。

即時取得の判例総合解説
生熊長幸（大阪市立大学教授）　2,200円
●民法192条から194条の即時取得の判例を網羅。動産の取引、紛争解決の実務に。

入会権の判例総合解説
中尾英俊（西南学院大学名誉教授・弁護士）　2,900円
●複雑かつ多様な入会権紛争の実態を、審級を追って整理。事実関係と判示を詳細に検証し正確な判断を導く。

保証人保護の判例総合解説〔第2版〕
平野裕之（慶應義塾大学教授）　3,200円
●信義則違反の保証「契約」の否定、「債務」の制限、保証人の「責任」制限を正当化、総合的な再構成を試みる。

間接被害者の判例総合解説
平野裕之（慶應義塾大学教授）　2,800円
●間接被害による損害賠償請求の判例に加え、企業損害以外の事例の総論・各論的な学理的分析をも試みる。

危険負担の判例総合解説
小野秀誠（一橋大学教授）　2,900円
●実質的意味の危険負担や、清算関係における裁判例、解除の裁判例など危険負担論の新たな進路を示す。

同時履行の抗弁権の判例総合解説
清水 元（中央大学教授）　2,300円
●民法533条に規定する同時履行の抗弁権の適用範囲の根拠を判例分析。双務契約の処遇等、検証。

リース契約の判例総合解説
手塚宣夫（石巻専修大学教授）　2,200円
●リース会社の負うべき義務・責任を明らかにすることで、リース契約を体系的に見直し、判例を再検討。

権利金・更新料の判例総合解説
石外克喜（広島大学名誉教授）　2,900円
●大審院判例から平成の最新判例まで。権利金・更新料の算定実務にも役立つ。

不当利得の判例総合解説
土田哲也（香川大学名誉教授・高松大学教授）　2,400円
●不当利得論を、通説となってきた類型論の立場で整理。事実関係の要旨をすべて付し、実務的判断に便利。

事実婚の判例総合解説
二宮周平（立命館大学教授）　2,800円
●100年に及ぶ内縁判例を個別具体的な領域毎に分析し考察・検討、今日的な事実婚の法的問題解決に必須。

婚姻無効の判例総合解説
右近健男（岡山大学教授）　2,200円
●婚姻意思と届出意思との関係、民法と民訴学説の立場の違いなど、婚姻無効に関わる判例を総合的に分析。

親権の判例総合解説
佐藤隆夫（國學院大学名誉教授）　2,200円
●離婚後の親権の帰属等、子をめぐる争いは多い。親権法の改正を急務とする著者が、判例を分析・整理。

相続・贈与と税の判例総合解説
三木義一（立命館大学教授）　2,900円
●譲渡課税を含めた相続贈与税について、課税方式の基本原理から相続税法のあり方まで総合的に判例分析。

（各巻税別）

		（価格は税別）
過当取引の民事責任〔補訂版〕	今川　嘉文	15,000円
相場操縦規制の法理	今川　嘉文	8,000円
日本会社法成立史	淺木　愼一	16,000円
商法改正［昭和25・26年］GHQ/SCAP文書	中東　正文	38,000円
企業結合法制の理論	中東　正文	8,800円
企業結合・企業統治・企業金融	中東　正文	13,800円
現代企業・金融法の課題（上／下）　平出慶道・高窪利一先生古稀記念		各15,000円
現代企業法の新展開　小島康裕教授退官記念		18,800円
閉鎖会社紛争の新展開	青竹　正一	10,000円
新会社法	青竹　正一	3,800円
ヨーロッパ銀行法	B.スズィー・ルビ（泉田栄一 訳）	18,000円
株式会社会計法	泉田栄一・佐藤敏昭・三橋清哉	3,000円
ニュー・ヨーク州事業会社法史研究	伊藤　紀彦	6,000円
株主代表訴訟の法理論	山田　泰弘	8,000円
金融の証券化と投資家保護	山田　剛志	2,100円
会社営業譲渡の法理	山下　眞弘	6,800円
税法講義〔第2版〕	山田　二郎	4,800円
入札談合の研究〔第2版〕	鈴木　満	6,800円
新航空法講義	藤田　勝利（編）	3,800円

◇改正変遷を整理・一覧化◇

淺木愼一 編

過去の文献・判例を読む際に、必携の法令集

会社法旧法令集

ISBN:978-4-7972-5582-9　本体¥10,000(税別)

第一部　商法第二編全条文変遷一覧

第二部　有限会社法全条文変遷一覧

第三部　株式会社の監査等に関する商法の特例に関する法律全条文一覧

第四部　旧商法第一編第六章制定時・施行時対照表

〈資料〉平成一七年法律第八六号会社法／改正前後対照表

会社法旧法令集 II

ISBN:978-4-7972-5598-0　本体¥10,000(税別)

第五部　商法総則編等条文変遷一覧

第六部　旧主要法務省令条文変遷一覧

第七部　平成一七年改正前会社法関係主要法律条文変遷一覧

第八部　慶徳四年満州国会社法

〈資料〉会社法施行以前の会社法施行規則・会社計算規則の改正対照表

会社法改正の歴史と現代化を検証

淺木愼一・小林 量・中東正文・今井克典 編

検証会社法

浜田道代先生還暦記念

ISBM978-4-7972-5555-3 定価：19,000 円（税別）

今、求められる会社法制への根源的視座

本書の内容

会社法制定の検証のための視座／淺木愼一◆合名・合資会社および旧有限会社に対する会社法の影響／広瀬裕樹◆意思決定権限の分配と定款自治／前田雅弘◆株主の秘密投票／山田尚武◆経営機関の監督・監査／今井克典◆取締役の選任と解任／芝園子◆代表訴訟と役員等の責任／山田泰弘◆新株発行／戸川成弘◆種類株式・新株予約権に関する会社法制の史的展開／家田崇◆社債権者の異議申述権の個別行使／森まどか◆証券振替決済システムにおける権利の帰属と移転の理論／コーエンズ久美子◆剰余金の配当規制／小林量◆債権者保護／弥永真生◆企業内容の公示・開示／黒沼悦郎◆組織再編／中東正文◆会社法・関連立法の成果と国際会社法／上田純子／巻末：浜田道代先生略歴・著作目録

◇学術選書◇

学術選書1	太田勝造	民事紛争解決手続論(第2刷新装版)	6,800円
学術選書2	池田辰夫	債権者代位訴訟の構造(第2刷新装版)	続刊
学術選書3	棟居快行	人権論の新構成(第2刷新装版)	8,800円
学術選書4	山口浩一郎	労災補償の諸問題(増補版)	8,800円
学術選書5	和田仁孝	民事紛争交渉過程論(第2刷新装版)	続刊
学術選書6	戸根住夫	訴訟と非訟の交錯	7,600円
学術選書7	神橋一彦	行政訴訟と権利論(第2刷新装版)	8,800円
学術選書8	赤坂正浩	立憲国家と憲法変遷	12,800円
学術選書9	山内敏弘	立憲平和主義と有事法の展開	8,800円
学術選書10	井上典之	平等権の保障	続刊
学術選書11	岡本詔治	隣地通行権の理論と裁判(第2刷新装版)	続刊
学術選書12	野村美明	アメリカ裁判管轄権の構造	続刊
学術選書13	松尾 弘	所有権譲渡法の理論	続刊
学術選書14	小畑 郁	ヨーロッパ人権条約の構想と展開〈仮題〉	続刊
学術選書15	岩田 太	陪審と死刑	続刊
学術選書16	安藤仁介	国際人権法の構造〈仮題〉	続刊
学術選書17	中東正文	企業結合法制の理論	8,800円
学術選書18	山田 洋	ドイツ環境行政法と欧州(第2刷新装版)	5,800円
学術選書19	深川裕佳	相殺の担保的機能	8,800円
学術選書20	徳田和幸	複雑訴訟の基礎理論	11,000円
学術選書21	貝瀬幸雄	普遍比較法学の復権	5,800円
学術選書22	田村精一	国際私法及び親族法	9,800円
学術選書23	鳥谷部茂	非典型担保の法理	続刊
学術選書24	並木 茂	要件事実論概説	続刊
学術選書25	椎橋隆幸	刑事訴訟法の理論的展開	続刊

◇総合叢書◇

総合叢書1	甲斐克則・田口守一編	企業活動と刑事規制の国際動向	11,400円
総合叢書2	栗城壽夫・戸波江二・古野豊秋編	憲法裁判の国際的発展II	続刊
総合叢書3	浦田一郎・只野雅人編	議会の役割と憲法原理	7,800円

◇法学翻訳叢書◇

法学翻訳叢書1	R.ツィンマーマン	佐々木有司訳 ローマ法・現代法・ヨーロッパ法	6,600円
法学翻訳叢書2	L.デュギー	赤坂幸一・曽我部真裕訳 一般公法講義	続刊
法学翻訳叢書3	D.ライポルド	松本博之編訳 実効的権利保護	12,000円
法学翻訳叢書4	A.ツォイナー	松本博之訳 既判力の客観的範囲	続刊
法学翻訳叢書9	C.シュラム	布井要太郎・滝井朋子訳 特許侵害訴訟	6,600円

価格は税別

◇ 信山社 理論と実際シリーズ ◇

1　企業結合法制の実践
中東正文
2　事業承継法の理論と実際
今川嘉文
3　輸出管理論―国際安全保障に対応するリスク管理・コンプライアンス―
田上博道・森本正崇
4　農地法概説
宮崎直己
9　特許侵害訴訟の実務と理論
布井要太郎